CW01664076

Henri Cartier-Bresson

L'EXPOSITION | THE EXHIBITION

Centre Pompidou

Le génie de la composition, l'extraordinaire intuition visuelle, la capacité à attraper au vol les moments les plus fugaces et les plus signifiants, ont fait d'Henri Cartier-Bresson l'un des plus grands photographes du XXe siècle. La renommée mondiale de celui que l'on a pu nommer « l'œil absolu » ou « l'œil du siècle » n'est plus à démontrer. Tout au long de sa carrière, particulièrement longue et diversifiée, il mêle la poésie à la puissance du témoignage. Car on retient aussi l'homme qui a donné ses lettres de noblesse au photojournalisme, celui qui a fondé la célèbre coopérative Magnum Photos aux côtés de Robert Capa, George Rodger, David Seymour (Chim) et William Vandivert. Le regard aigu qu'il aura su poser sur les grands moments de ce siècle en parcourant le monde a nourri toute une génération de photographes.

La cohérence de ses partis pris, aussi tranchés soient-ils, inscrit son œuvre dans une continuité exceptionnelle. Refusant toute mise en scène ou coquetterie technique, il donne la primauté au réel. Il s'agit de ne jamais trahir ce qui se passe au moment de la prise de vue, de révéler plutôt que d'inventer. Le choix quasi exclusif du noir et blanc rejoint celui du Leica, le combat contre les recadrages celui du bannissement du flash : à rebours du spectaculaire, tout converge vers l'« imaginaire d'après nature ». Car derrière chacune de ses œuvres, le geste photographique dessine une véritable philosophie de vie. Pour trouver le meilleur ordonnancement formel, l'angle le plus parlant, Cartier-Bresson tourne autour de son sujet, se fait oublier au profit de la vérité d'une expression, de la force d'un cadrage. Il s'efface, sens en alerte, guettant le moment le plus intense, l'« instant décisif ». Sa renommée repose grandement sur cette notion, dérivée d'une citation du cardinal de Retz que le photographe choisit de placer en exergue de son premier ouvrage : « Il n'y a rien en ce monde qui n'ait un moment décisif. » Cartier-Bresson en aura fait un véritable style. Pour autant, si cette unité a grandement participé à la reconnaissance de sa photographie, elle ne suffit pas à rendre compte de toute la diversité créative qui se dégage des milliers de tirages de Cartier-Bresson. Dans cet esprit d'ouverture, la fondation qui porte son nom travaille depuis 2003 à faire connaître cette œuvre dans toute la richesse de sa complexité.

Le regard proposé ici s'inscrit dans cette dynamique. Il est question de continuité toujours, mais de mise en perspective aussi, de tous les temps de la longue carrière d'un homme qui, du surréalisme à Mai 68, en passant par la Seconde Guerre mondiale ou la décolonisation, s'est construit au gré des rencontres et face aux événements. Il s'agit d'en montrer les différents visages ; de mettre en valeur l'unité du message bien sûr, mais de le saisir dans la diversité de son œuvre. Le choix d'exposer, dans une perspective patrimoniale, des tirages d'époque, s'est dès lors imposé : Cartier-Bresson est ici présenté « en contexte » et non hors du temps. Les quelque 500 œuvres et documents sélectionnés proposent un voyage au fil d'un siècle que le photographe a traversé sans jamais cesser d'en brosser le portrait. Trois grandes périodes scandent sa carrière. La première, de 1926 à 1935, où Cartier-Bresson fréquente les surréalistes, fait ses débuts en photographie et entreprend ses premiers grands voyages ; la deuxième, de 1936 à 1946, qui est celle de son engagement politique, de son travail pour la presse communiste et de l'expérience du cinéma ; la troisième enfin, de 1947 à 1970, qui s'étend de la création de la coopérative Magnum Photos à l'arrêt du photoreportage.

Le portrait dressé ici est celui d'un homme qui, au profit de l'immobilité des instantanés, n'aura cessé de bouger. Au-delà bien sûr de la mobilité nécessaire au reporter, il aura parfois changé d'outil. Le pinceau, le crayon ou la caméra, tous les moyens sont bons pour offrir un regard en partage, s'engager par l'image. Ses amis artistes ou écrivains le décrivent souvent en termes chorégraphiques lorsqu'ils l'observent en train de photographier : tantôt « chat », tantôt « libellule inquiète », il s'agit de danse autour du sujet, de vie.

« Photographier est un moyen
de comprendre qui ne peut se séparer
des autres moyens d'expression
visuelle. C'est une façon de crier,
de se libérer, non de prouver ni
d'affirmer sa propre originalité.
C'est une façon de vivre. »

Henri Cartier-Bresson, *L'Imaginaire d'après nature*, Saint-Clément-de-Rivière, Fata Morgana, 1996, p. 35-36.

"Taking photographs is a means
of understanding which cannot be
separated from other means of visual
expression. It is a way of shouting,
of freeing oneself, not of proving
or asserting one's originality.
It is a way of life."

Henri Cartier-Bresson, *The Mind's Eye*, New York, Aperture, 1999, p. 16.

His genius for composition, extraordinary visual intuition and ability to capture the most fleeting yet significant moments turned Henri Cartier-Bresson into one of the greatest photographers of the twentieth century. Often termed the "eye of the century", his international reputation needs no further proof. Throughout his remarkably long and multi-faceted career, the impact of his eye-witness accounts was always underlaid with poetry. For this was also the man who lent prestige to photojournalism and founded the famous cooperative Magnum Photos, alongside Robert Capa, George Rodger, David Seymour (Chim) and William Vandivert. As he travelled the world, his acute visual perception of the significant moments of the century inspired a whole generation of photographers.

His positions, however clear-cut, were always coherent, lending his work a rare continuity. By precluding any kind of *mise en scène* or technical fad, he allowed reality to take precedence. In his quest to reveal rather than invent, he never betrayed what was in front of his lens. Shooting almost exclusively in black and white, he was equally faithful to the Leica, and his resistance to cropping was only matched by his dismissal of flash photography – in stark contrast to the spectacular, everything here converged towards "the mind's eye". Behind each of his works, the photographic gesture reflected a genuine philosophy of life. In order to find the best formal layout, the most evocative angle, Cartier-Bresson would revolve around his subject, drawing attention away from himself to leave room for the truth behind an expression or the striking effect of a frame. He would fade into the background but with all his senses alert, lying in wait for the most intense or "decisive instant". His reputation is largely based on this notion, which derived from a quotation by Cardinal de Retz, chosen by the photographer as the epigraph for his first publication: "There is nothing in this world that does not have a decisive moment". Cartier-Bresson turned this into a style of its own. Although this cohesion contributed in large part to the acclaim received by his work, it does not really give justice to the extraordinary creative diversity encapsulated by the thousands of prints he produced. Since 2003, it is in this spirit that the Foundation which bears his name has been committed to propagating his oeuvre across the full spectrum of its complexity.

The approach shown here follows on from this dynamic. Although continuity is still of the essence, the work is also put into perspective, reflecting the many stages in the lengthy career of a man shaped by chance meetings and contemporary events, from Surrealism to May 1968, via the Second World War and decolonisation. The remit is to show the different facets; to bring out the unity of the message, naturally, but to capture it within the diversity of his entire œuvre. The decision to display vintage prints, as an element of cultural heritage, was a natural offshoot of this: Cartier-Bresson is placed "in context" and not in limbo. The five hundred or so works and documents selected take us on a journey through a century that the photographer not only experienced first-hand but simultaneously portrayed. Three major periods stand out in his career. The first, from 1926 to 1935, during which Cartier-Bresson frequented the Surrealists, made his initial incursions into photography and undertook his first major journeys; the second, from 1936 to 1946, which corresponds to his political involvement, contributions to the Communist press and experiences in film; and the third, from 1947 to 1970, which spans the launch of the cooperative Magnum Photos to his final photo reportages.

The portrait that emerges is that of a man who, to achieve those time-frozen snapshots, never actually stood still. He naturally possessed the prerequisite mobility for a reporter but he also sometimes changed tools. Paintbrush, pencil and camera were equally valid instruments when it came to sharing a viewpoint or expressing commitment through the image. His artist and writer friends often described him in choreographic terms when they watched him at work: as a "cat" or as a "frantic dragonfly", he was always performing a dance around his subject or life itself.

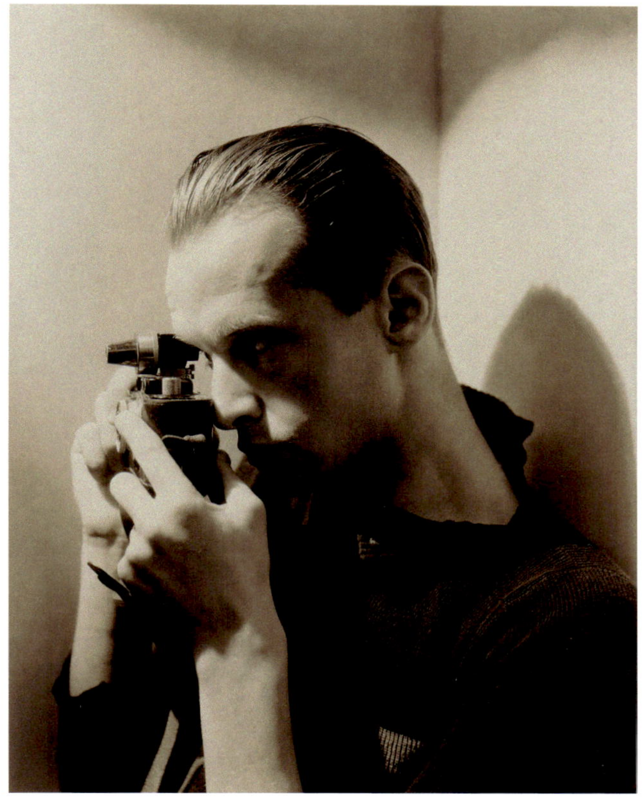

George Hoyningen-Huene
Henri Cartier-Bresson, New York, 1935

Signes ascendants

Rising signs

L'œuvre photographique d'Henri Cartier-Bresson naît dans les années 1920. Elle est le fruit d'un riche réseau d'influences intellectuelles, artistiques et sociales. Élève à l'académie du peintre André Lhote de 1927 à 1928, Cartier-Bresson apprend les règles classiques de la géométrie et de la composition, qu'il applique d'abord à sa pratique picturale avant de les expérimenter peu après avec son appareil photographique : ses premières images reposent très souvent sur la proportion du nombre d'or. D'autres montrent son admiration pour les photographies du vieux Paris par Eugène Atget, qu'il découvre grâce à l'entourage de ses amis américains Caresse et Harry Crosby. Embarqué pour l'Afrique à l'automne 1930 où il reste plus d'un an, il applique les innovations formelles de la Nouvelle Vision photographique, héritées du constructivisme russe. Loin du regard de l'ethnographe, ces images montrent plutôt une attention au rythme et au quotidien africains.

The photographic œuvre of Henri Cartier-Bresson first emerged in the 1920s. It stemmed from a rich network of intellectual, artistic and social influences. It was at the academy run by André Lhote, which he attended from 1927 to 1928, that Cartier-Bresson learned the classic rules of geometry and composition. Initially he applied these to his pictorial activities but he was soon to try them out with his camera – his first photographs were often based on the golden ratio. Other pictures bore witness to his admiration for the photographs of bygone Paris by Eugène Atget, whom he discovered through the circles of his American friends Caresse and Harry Crosby. In the autumn of 1930 he set off for Africa, where he remained for over a year, and it was there that he implemented the formal innovations of the New Vision of Photography, a legacy of Russian Constructivism. Far from taking an ethnological view, these images tended more towards a reflection of the rhythm and daily life of Africa.

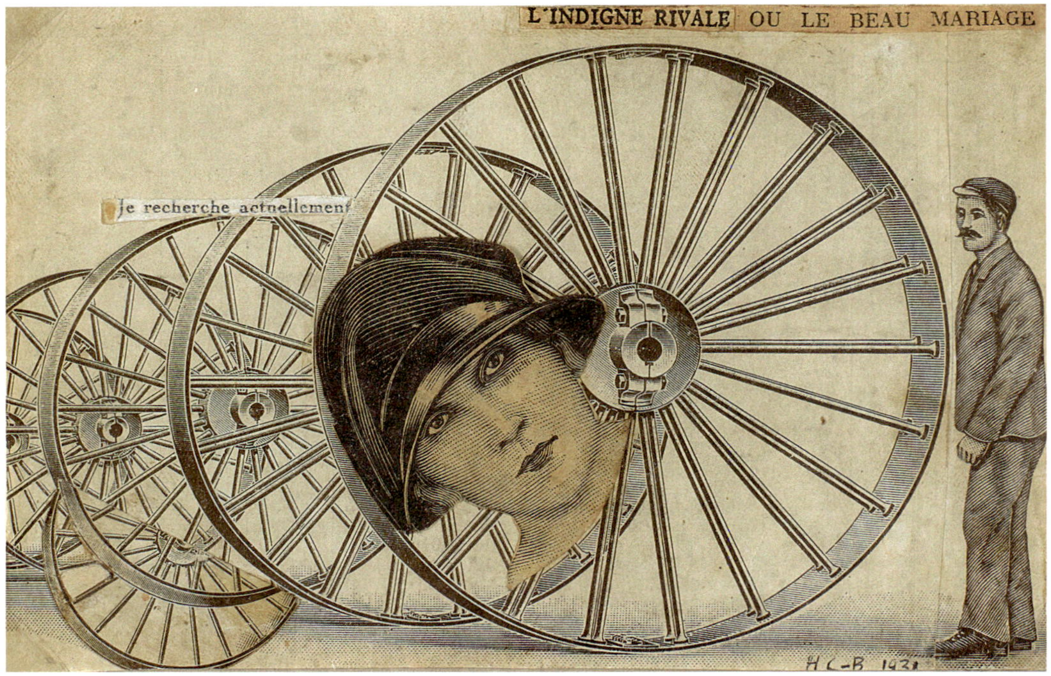

«J'aime la peinture, je l'étudiais naguère chez André Lhote. C'est lui qui m'a appris à voir.»

"I enjoy painting. I used to study it under André Lhote. It was he who taught me to see."

↖
Pour l'amour et contre le travail industriel,
1931
Collage sur carte

→
Atelier d'André Lhote,
1927
Huile sur toile

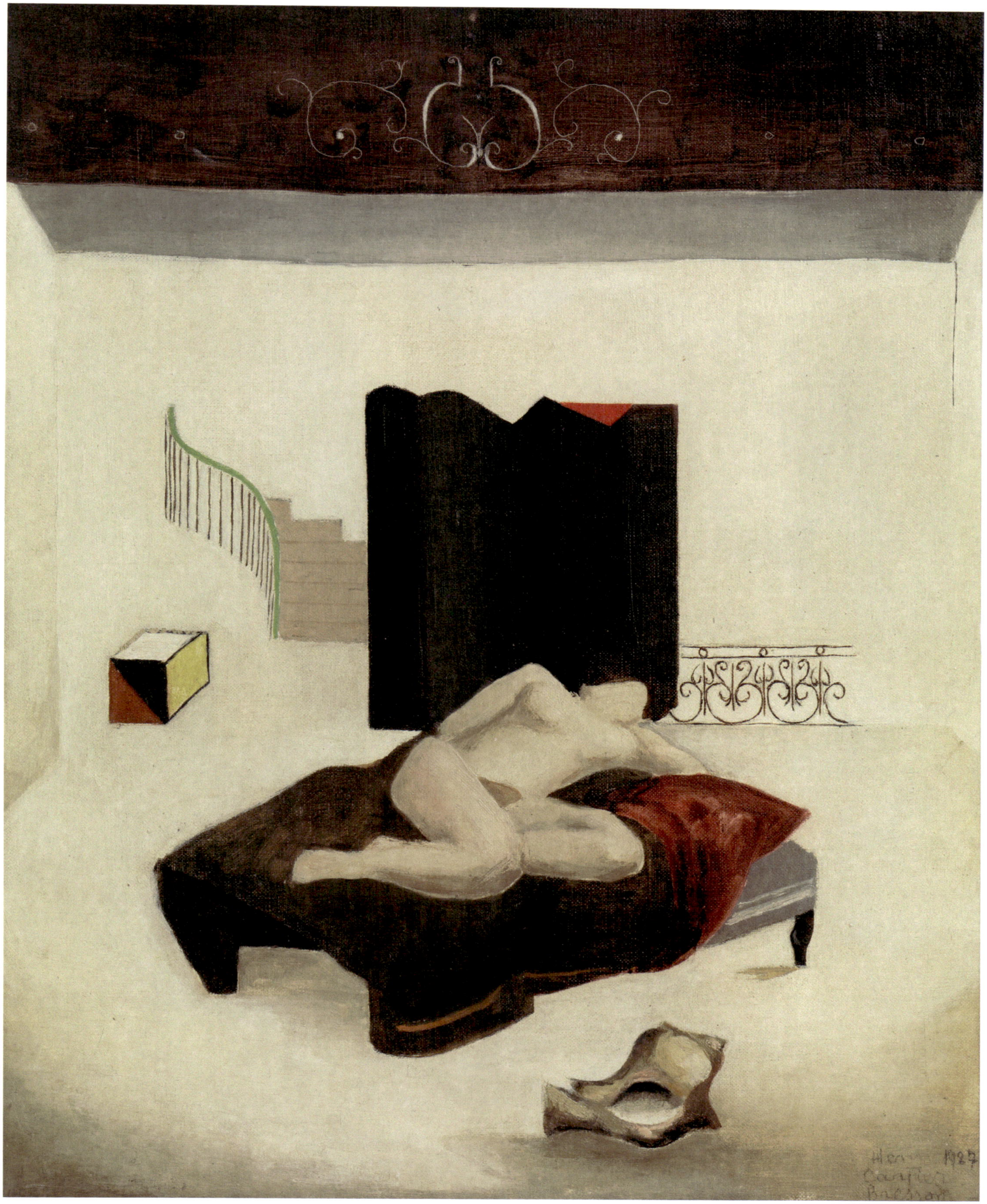

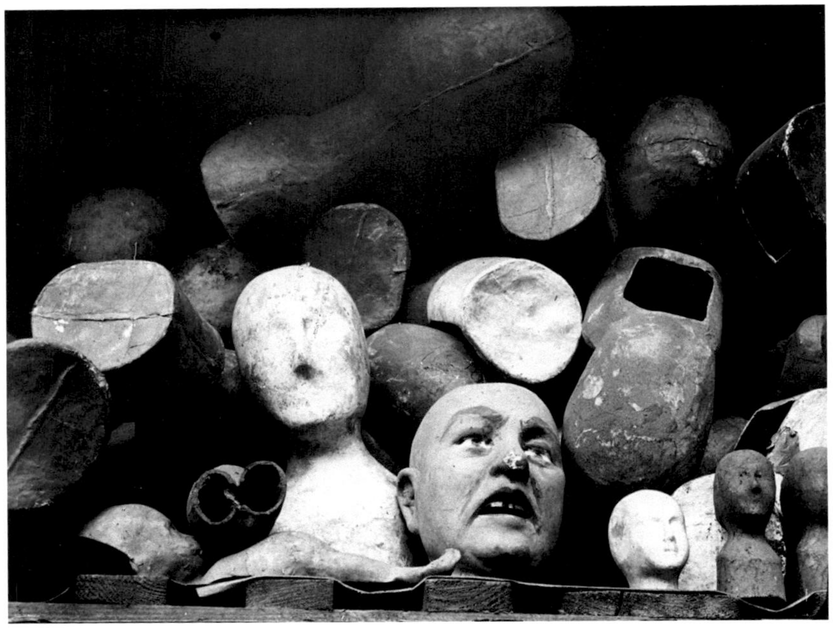

«Je faisais n'importe quoi avec les appareils photo, j'envisageais la photographie en dilettante, jusqu'à ce que j'aille au service militaire. À cette même époque, j'ai rencontré des gens qui avaient des tirages d'Atget. Cela m'intéressait beaucoup son travail. Ça m'impressionnait.»

"I fooled with cameras, only playing with the idea of photography, until I went into military service. In that same period I met people who had prints of Atget. It interested me very much, his work. I was impressed."

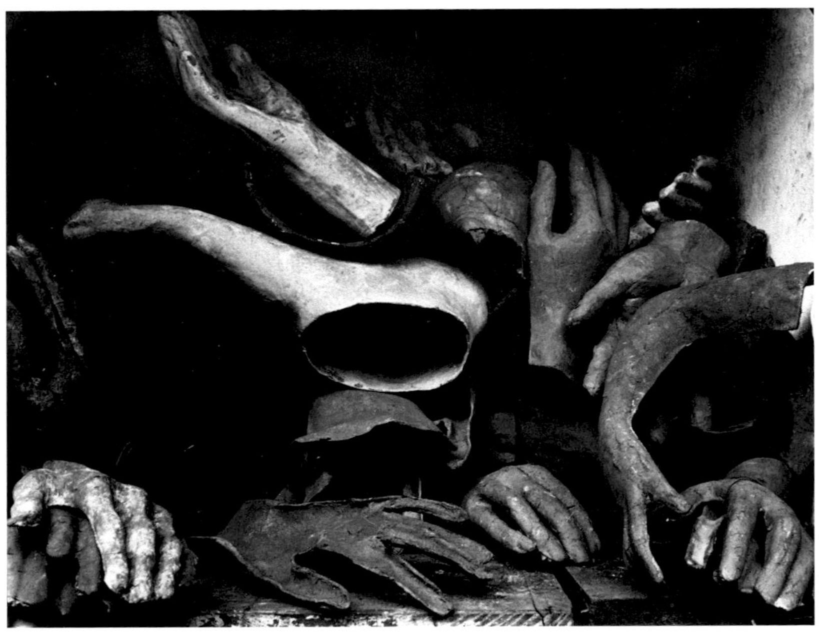

↖
France, 1929

←
France, 1929

→
Rouen, France, 1929

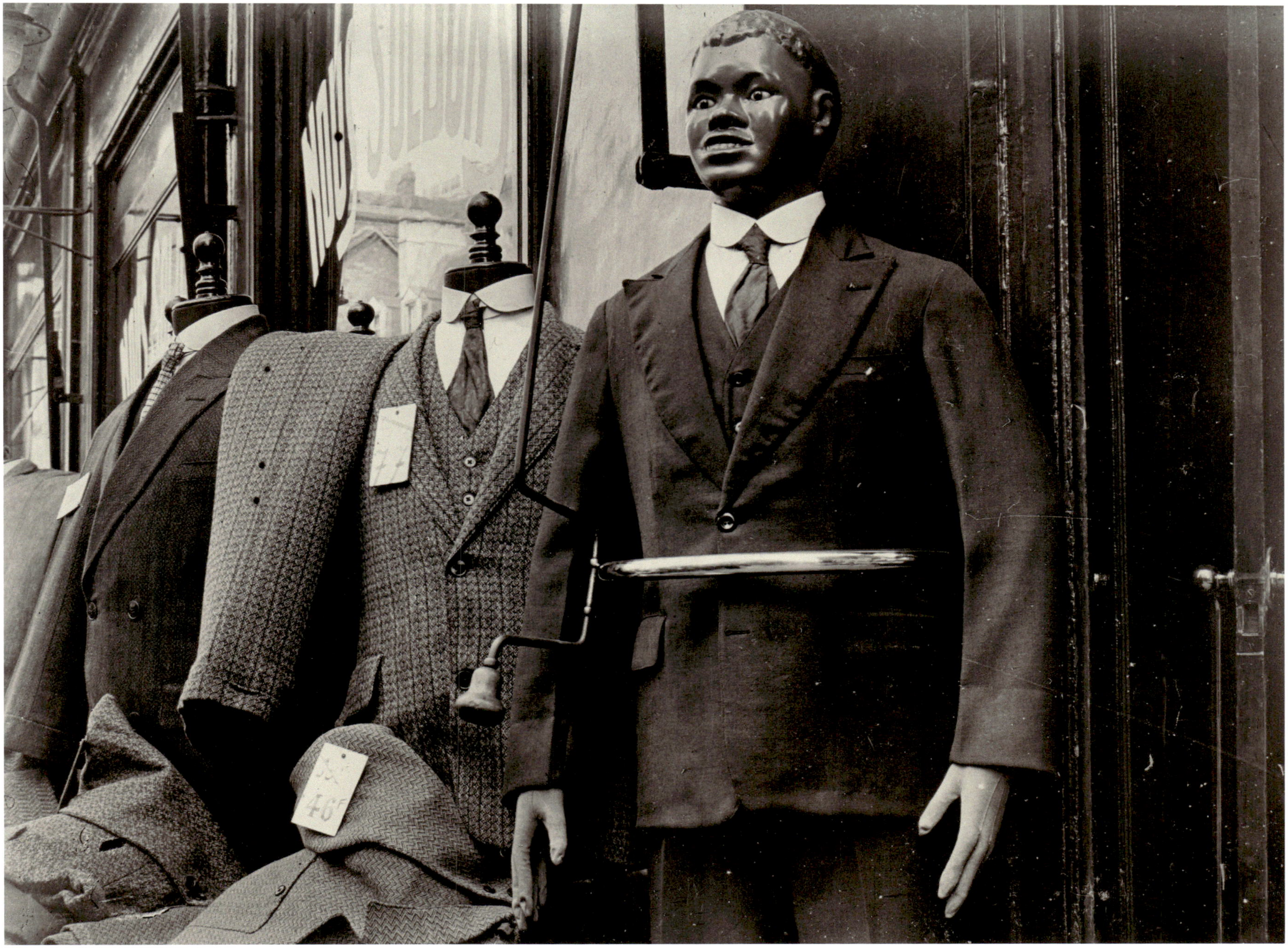

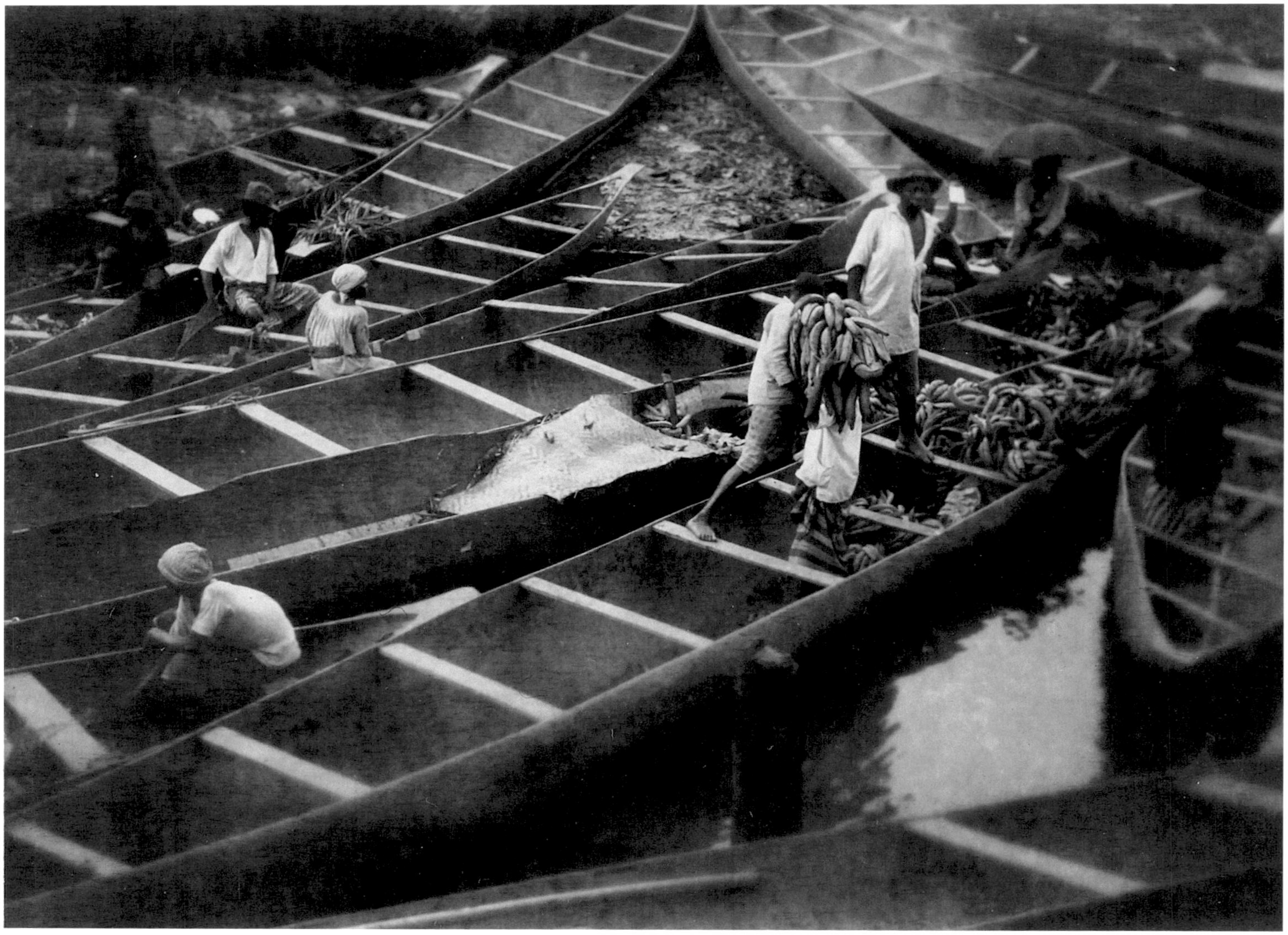

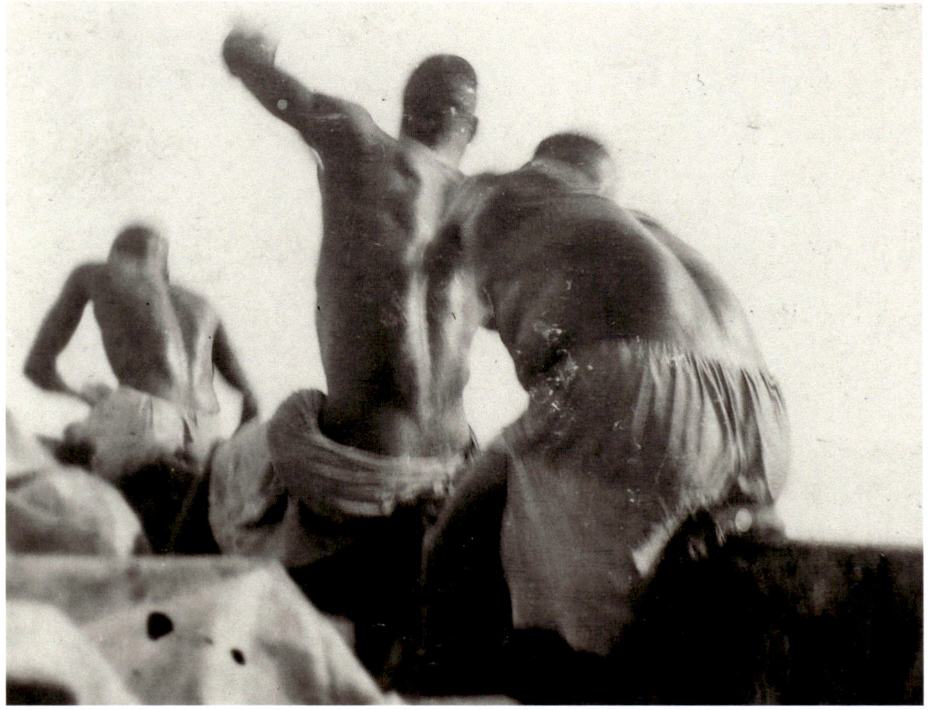

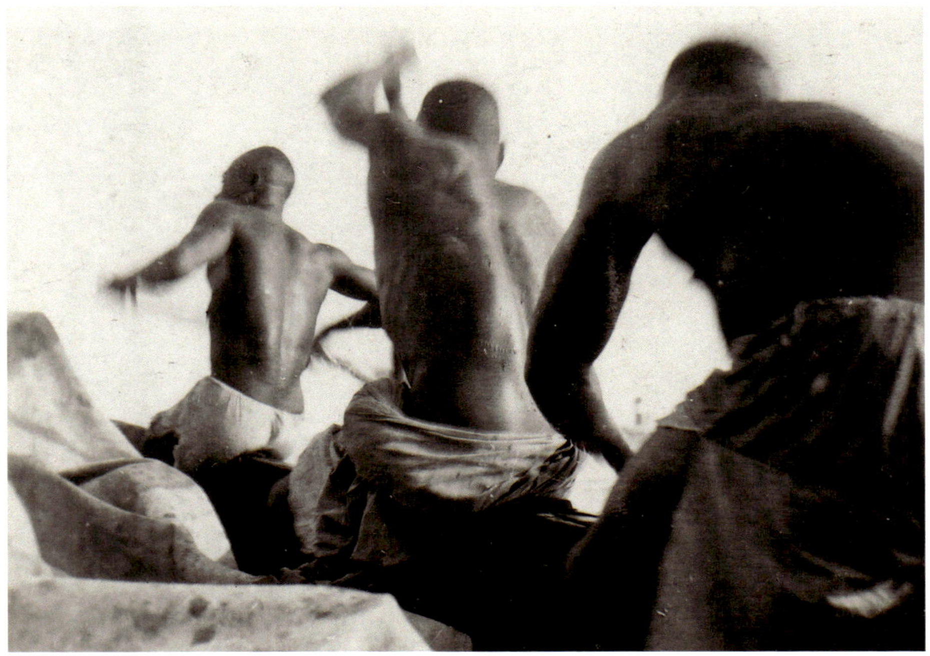

↖
Côte-d'Ivoire, Afrique, 1930

↗
Côte-d'Ivoire, Afrique, 1930

→
Côte d'Ivoire, Afrique, 1930

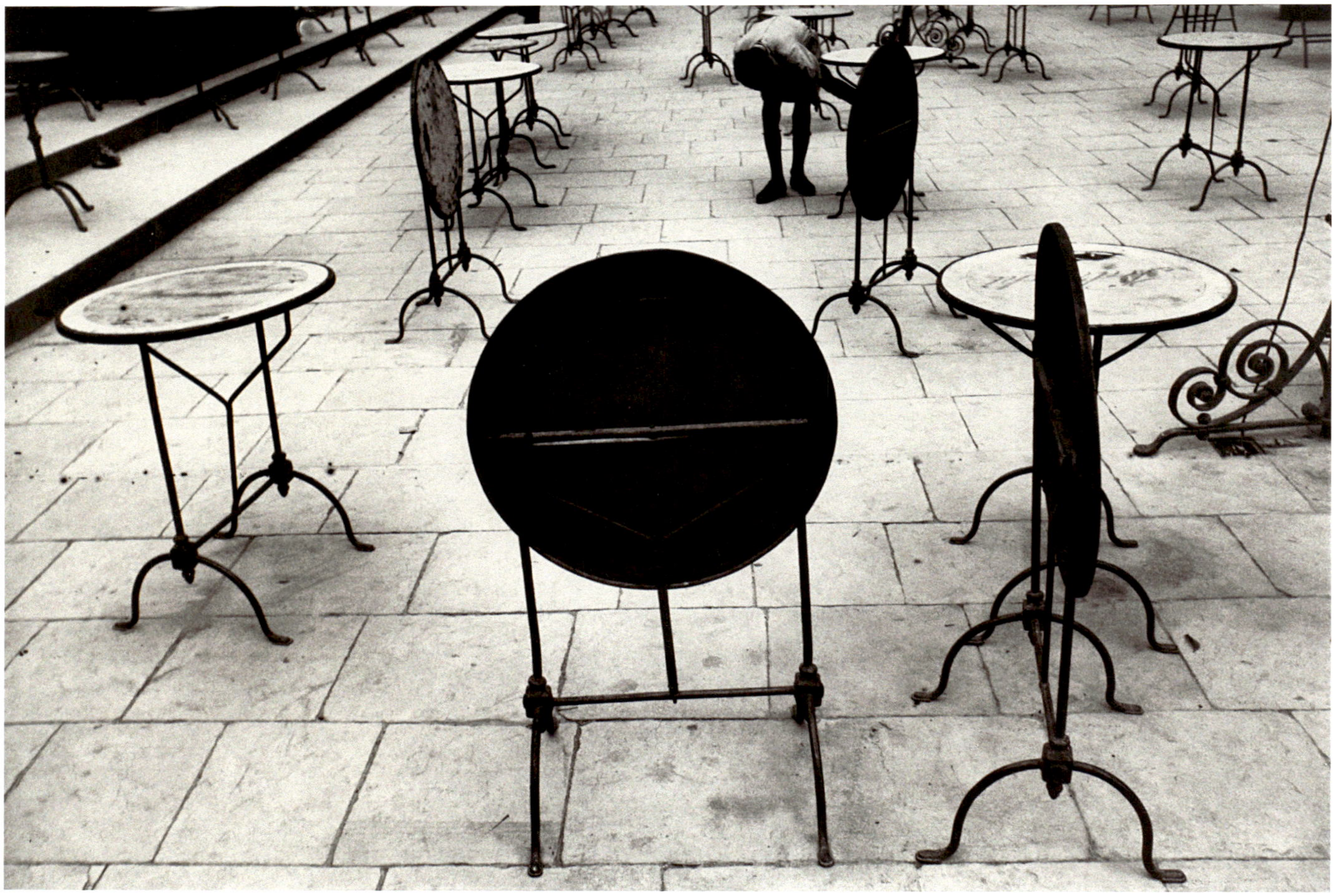

« La photographie est pour moi la reconnaissance dans la réalité d'un rythme de surfaces, de lignes et de valeurs ; l'œil découpe le sujet et l'appareil n'a plus qu'à faire son travail qui est d'imprimer sur la pellicule la décision de l'œil. »

"Photography implies the recognition of a rhythm in the world of real things. What the eye does is to find and focus on the particular subject within the mass of reality; what the camera does is simply to register upon film the decision made by the eye."

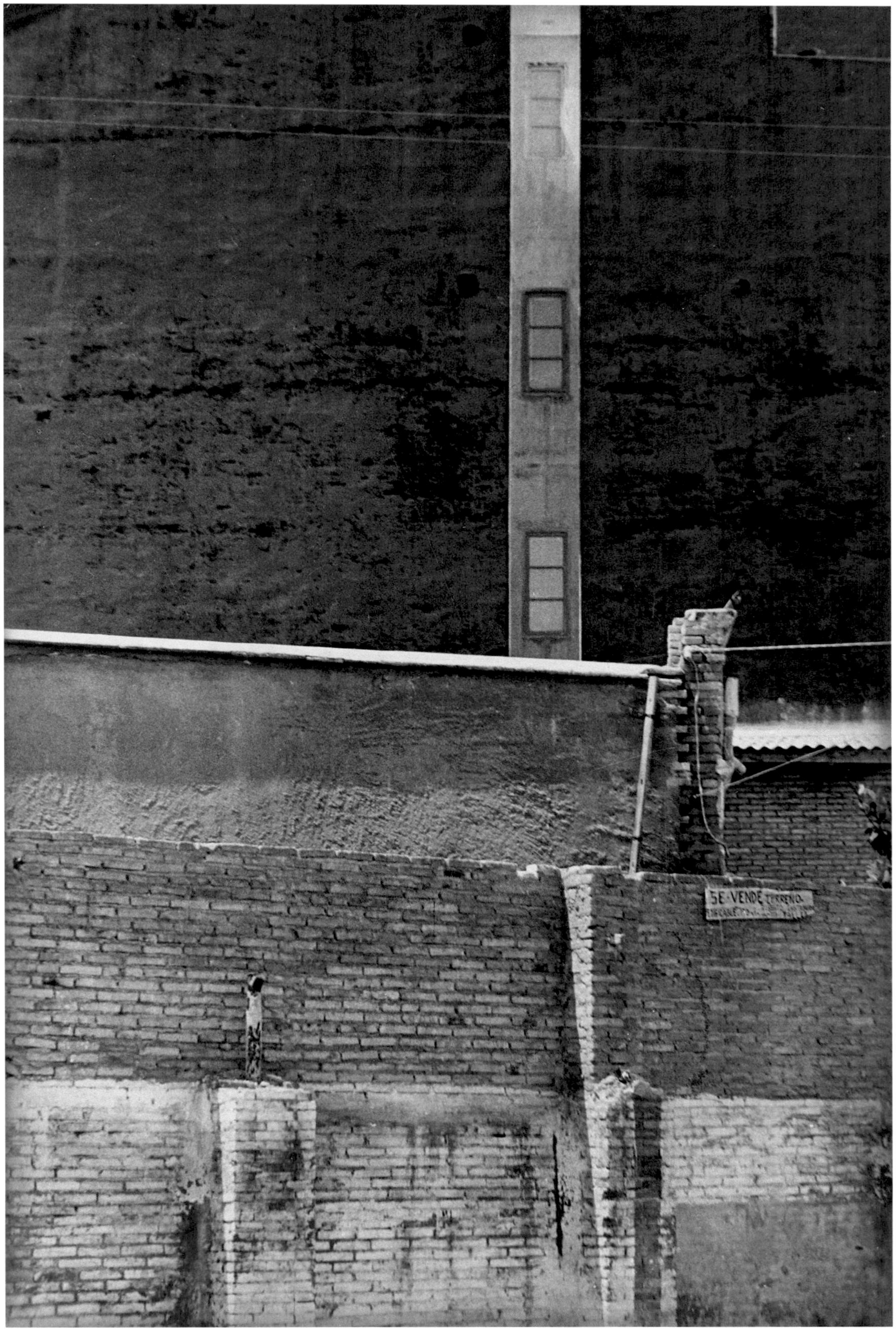

↖
Florence, Italie, 1933

→
Espagne, 1933

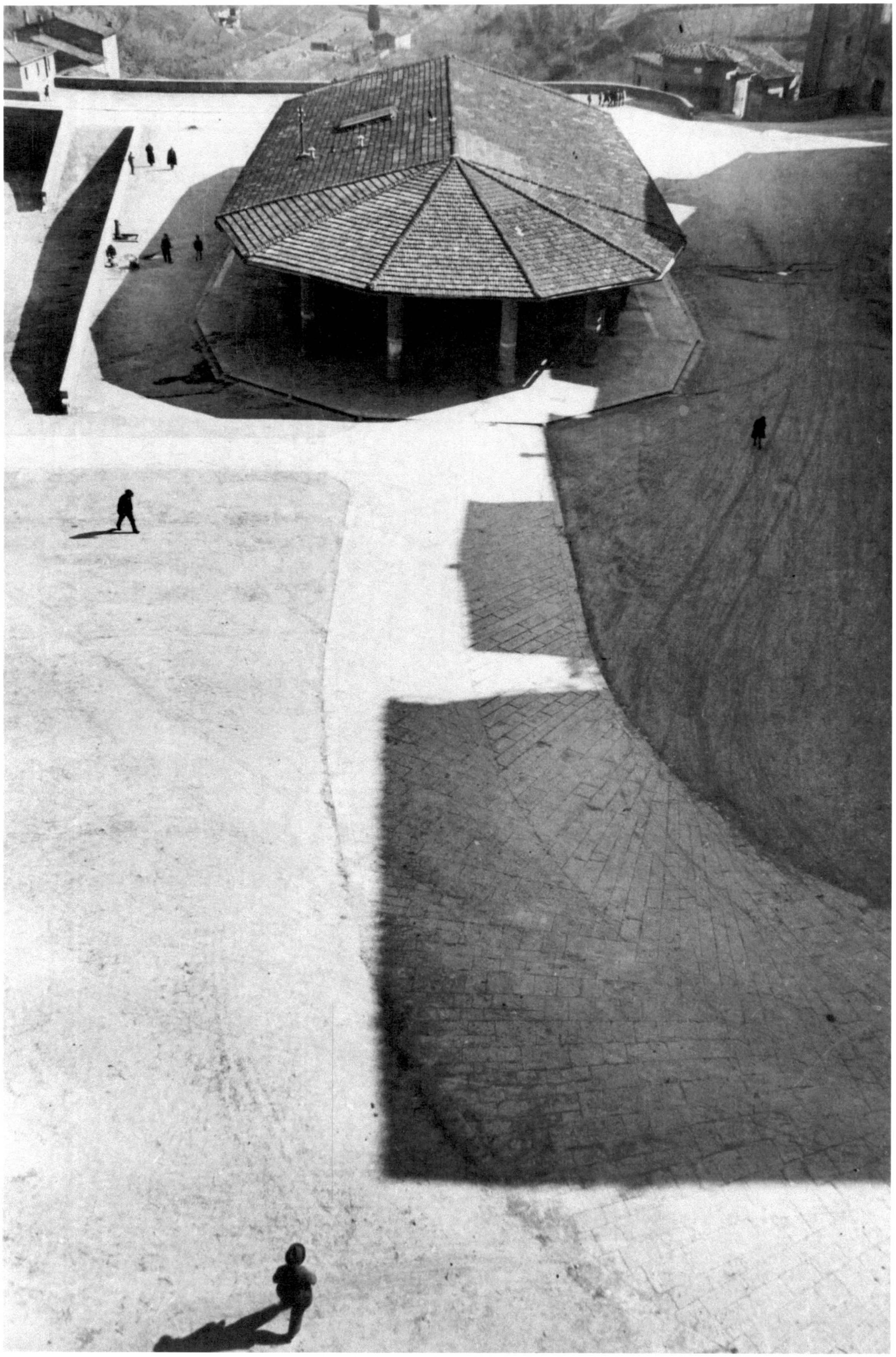

↖
Sienne, Italie, 1933

↗
Belgique, 1931

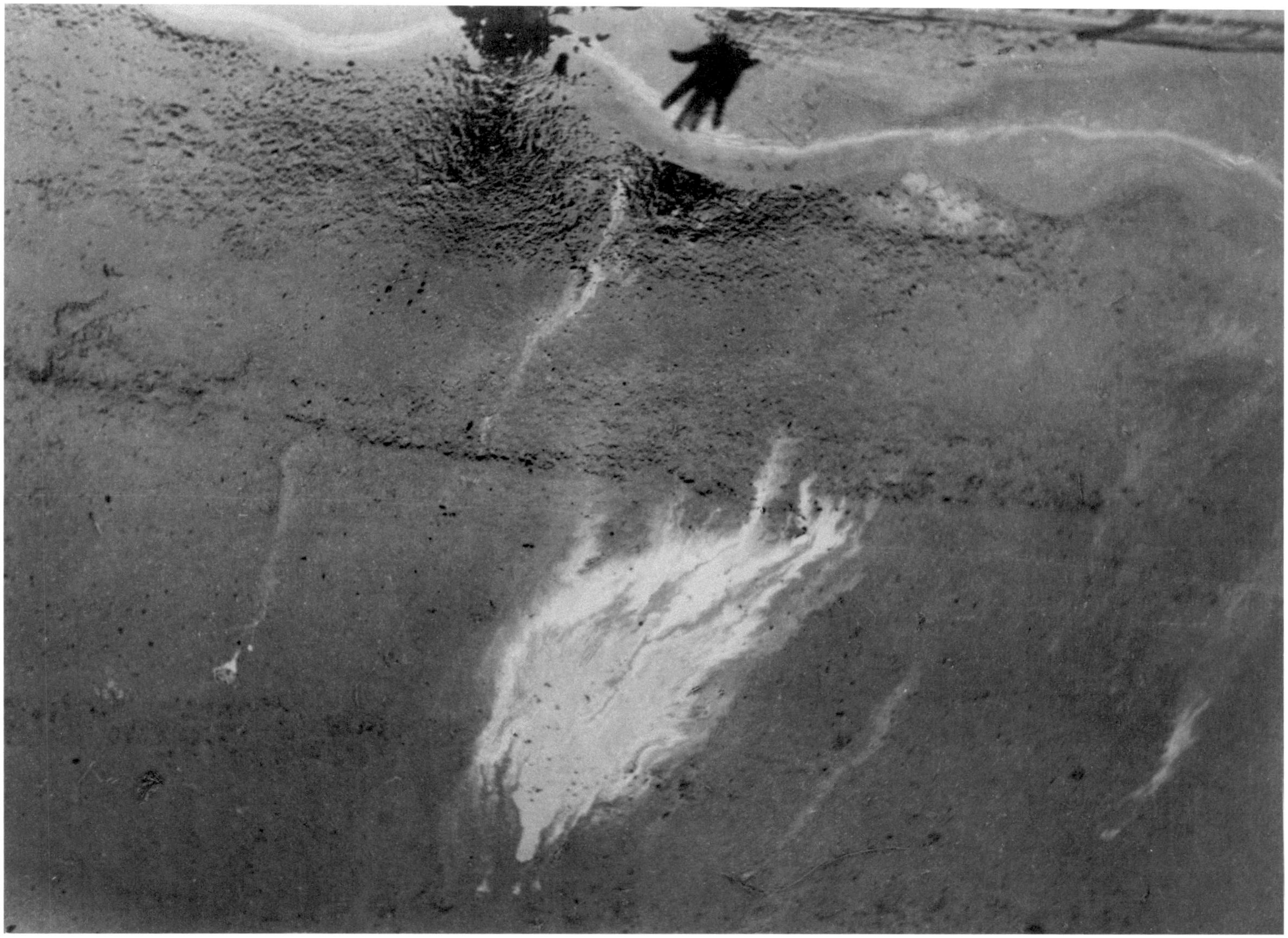

«À mon sens, la photographie a le pouvoir d'évoquer et ne doit pas simplement documenter. Nous devons être des abstraits, d'après nature.»

"I believe photography has great evocative powers and shouldn't be used simply to record facts. We should be abstract but work from nature, i.e., use a rigorous structure based on reality."

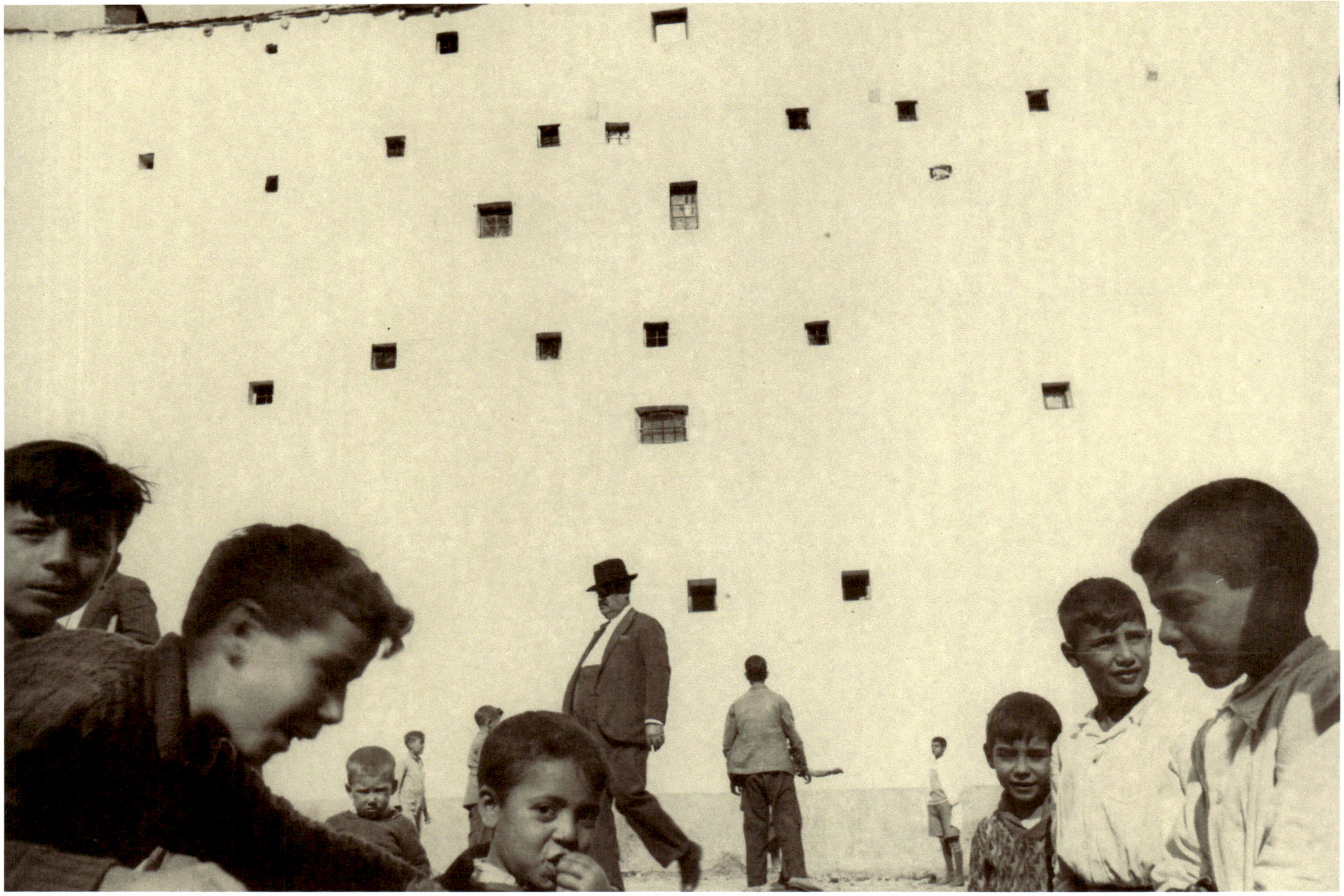

↖
Madrid, Espagne, 1933

↗
Salerne, Italie, 1933

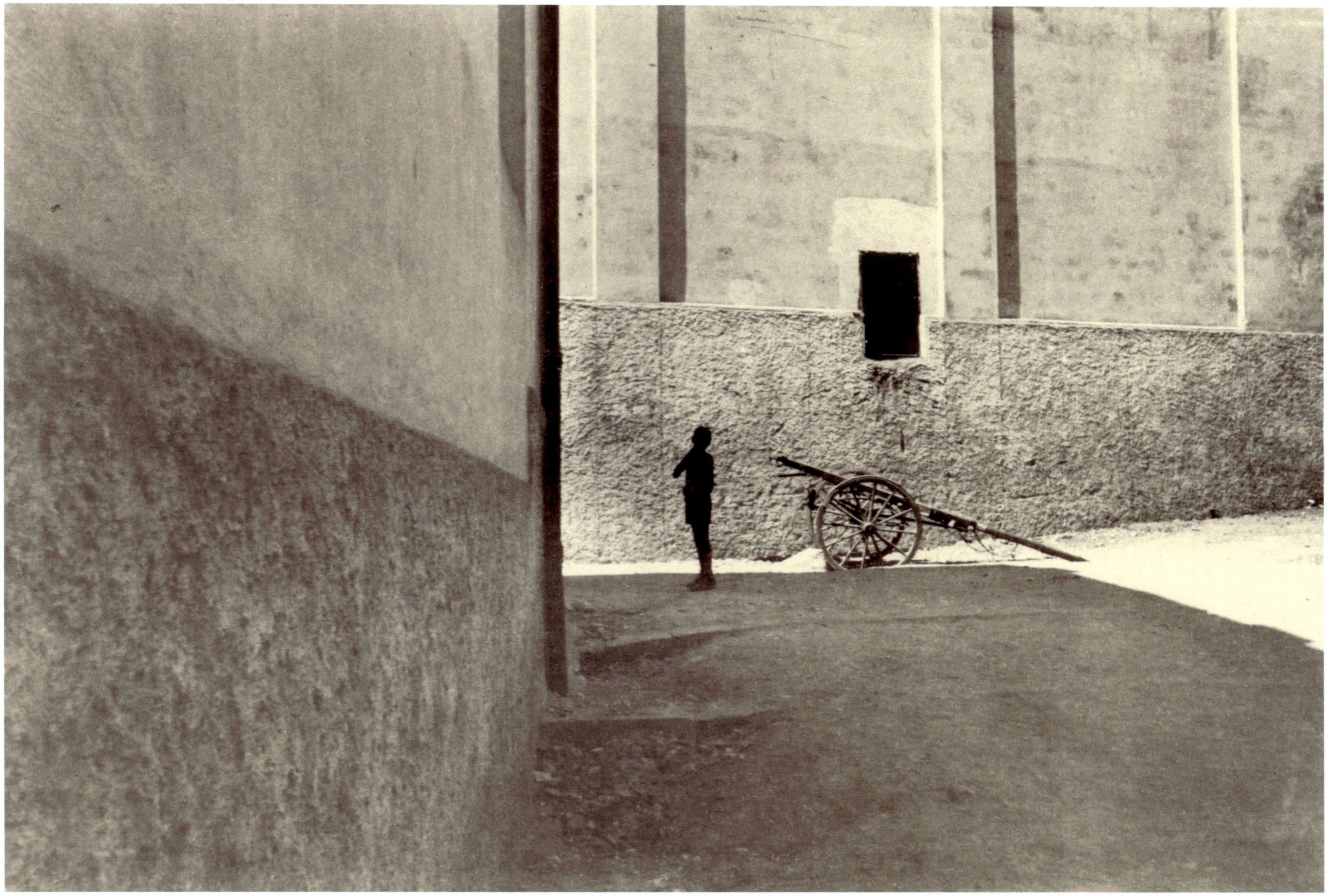

« Le croiriez-vous, j'ai des images dont la composition, l'ordonnancement – au centième de seconde – *tombe* exactement dans le Nombre d'Or ! »

"Believe it or not, the composition and layout of some of my images *fall* precisely – to a hundredth of a second – within the Golden Ratio!"

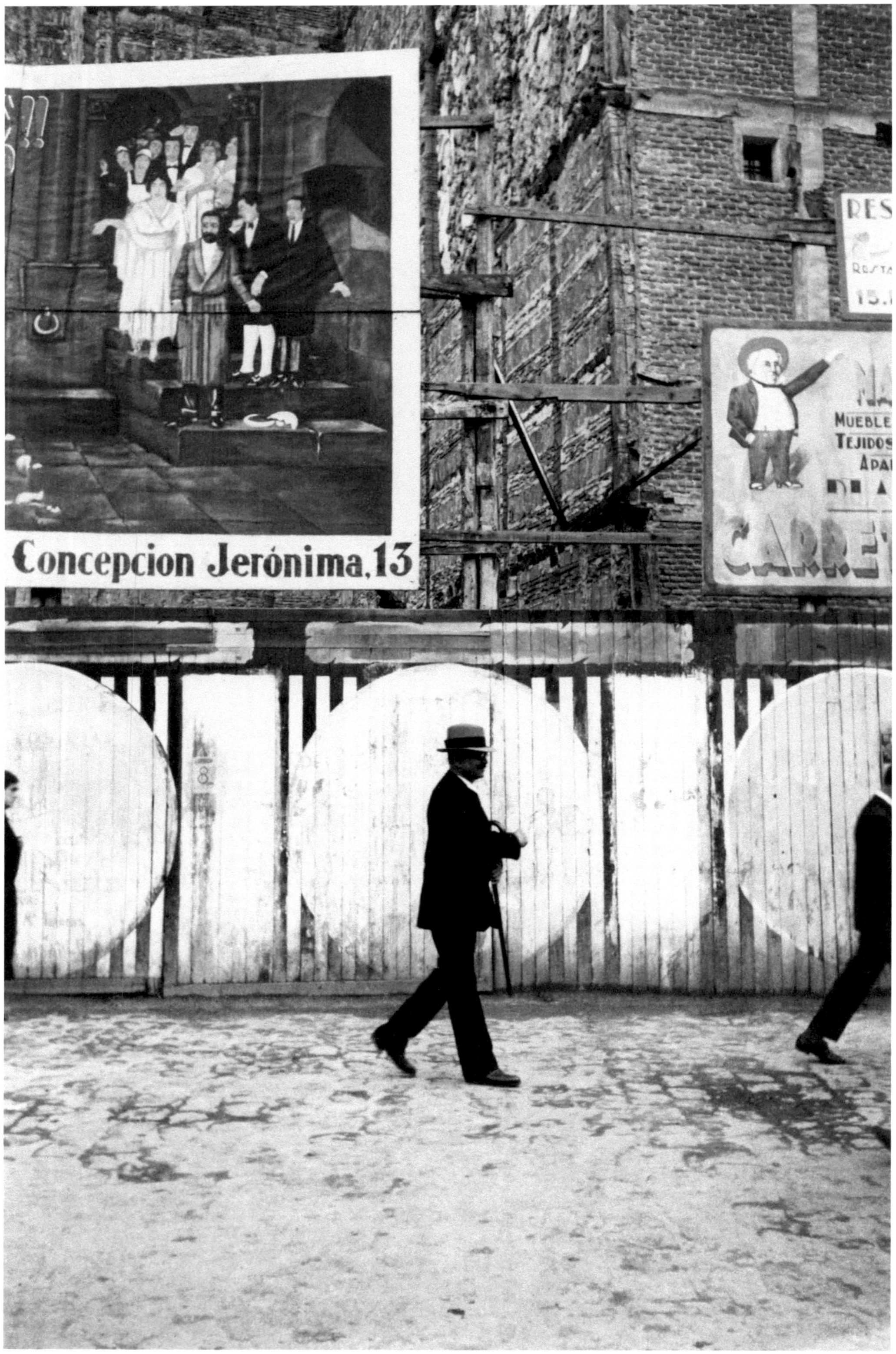

« La composition repose sur le hasard. Jamais je ne calcule. J'entrevois une structure et j'attends que quelque chose s'y passe. Il n'y a pas de règle. Il ne faut pas trop chercher à expliquer le mystère. Il est préférable d'être disponible, un Leica à portée de la main. »

"Composition relies on chance. I never make calculations. I perceive a structure and wait for something to happen. There are no rules. One should not try too hard to explain the mystery. It is better just to be receptive, a Leica within easy reach."

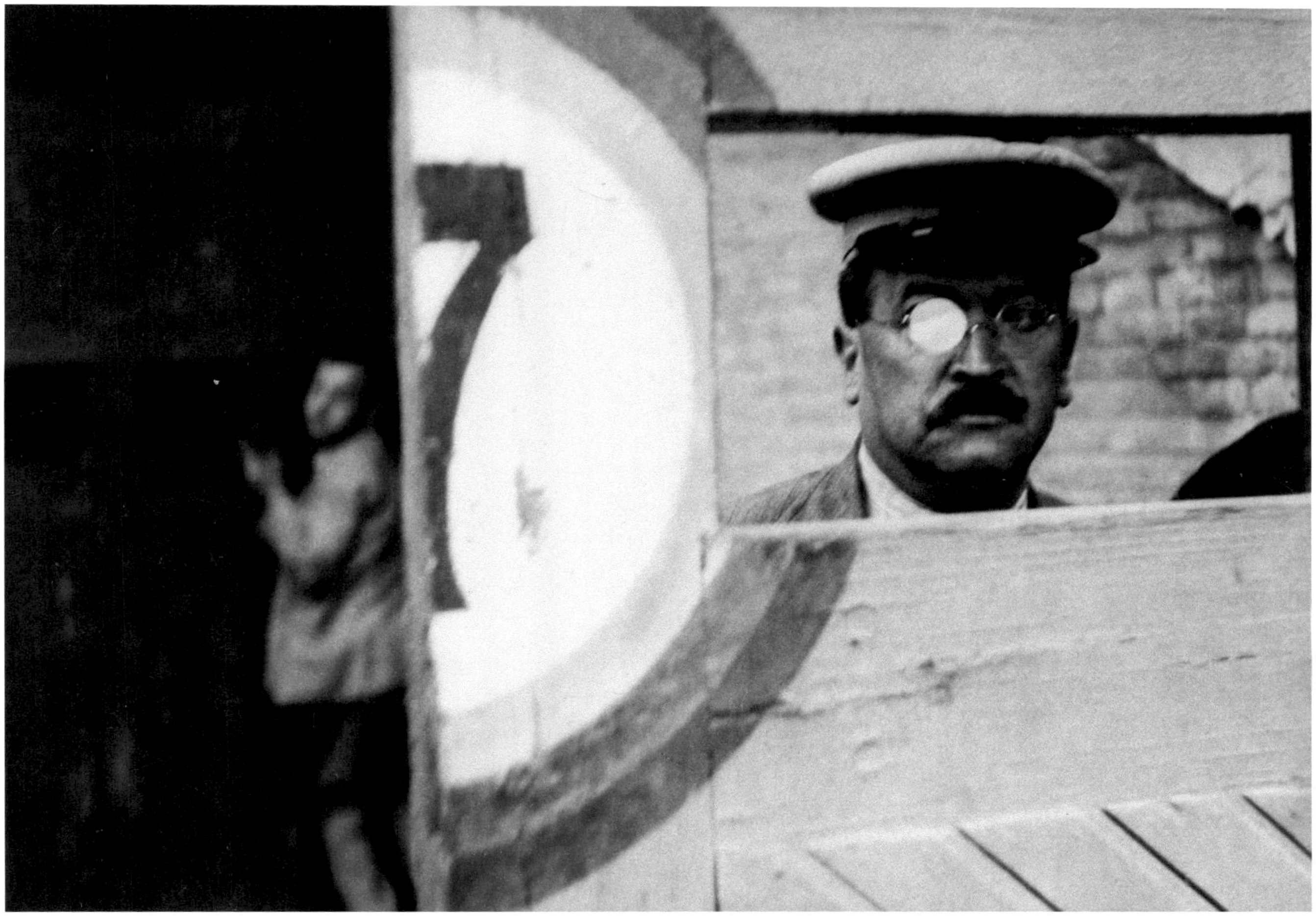

↖
Madrid, Espagne, 1933

↗
Valence, Espagne, 1933

L'attraction surréaliste

The attraction of Surrealism

Le hasard et les coïncidences que Cartier-Bresson accueille dans ses compositions virtuoses, comme le mouvement capturé dans ses instantanés, sont autant de dispositions qui témoignent de sa connivence avec le surréalisme. Vers 1926, le photographe se rapproche du mouvement : sans jamais y adhérer, il assiste néanmoins régulièrement aux réunions des membres du groupe. Cette rencontre marque durablement son œuvre : nombre de ses clichés des années 1930 illustrent à merveille les principes de la « beauté convulsive » définis par André Breton. Si Cartier-Bresson reprend certains des thèmes de prédilection du mouvement – « portraits » de tissus et d'objets empaquetés, corps déformés, rêveurs diurnes –, c'est l'attitude surréaliste même qui l'attire : le goût de la liberté et de la révolte, l'esprit du jeu, la fulgurance.

The elements of serendipity and coincidence that Cartier-Bresson welcomed into his virtuoso compositions, such as the movement captured in his snapshots, reflect in their diverse ways his connivance with Surrealism. He was first drawn to the movement around 1926 and although he never officially became a member, he attended group meetings on a regular basis. This encounter had a lasting effect on his work; a large number of his images from the 1930s are perfect illustrations of the principles of "convulsive beauty" as defined by André Breton. Although Cartier-Bresson adopted a number of the movement's pet themes – "portraits" of fabrics or wrapped objects, deformed bodies, daydreamers – it was the Surrealist attitude itself that really appealed to him: its penchant for freedom and revolt, its playfulness, its explosive energy.

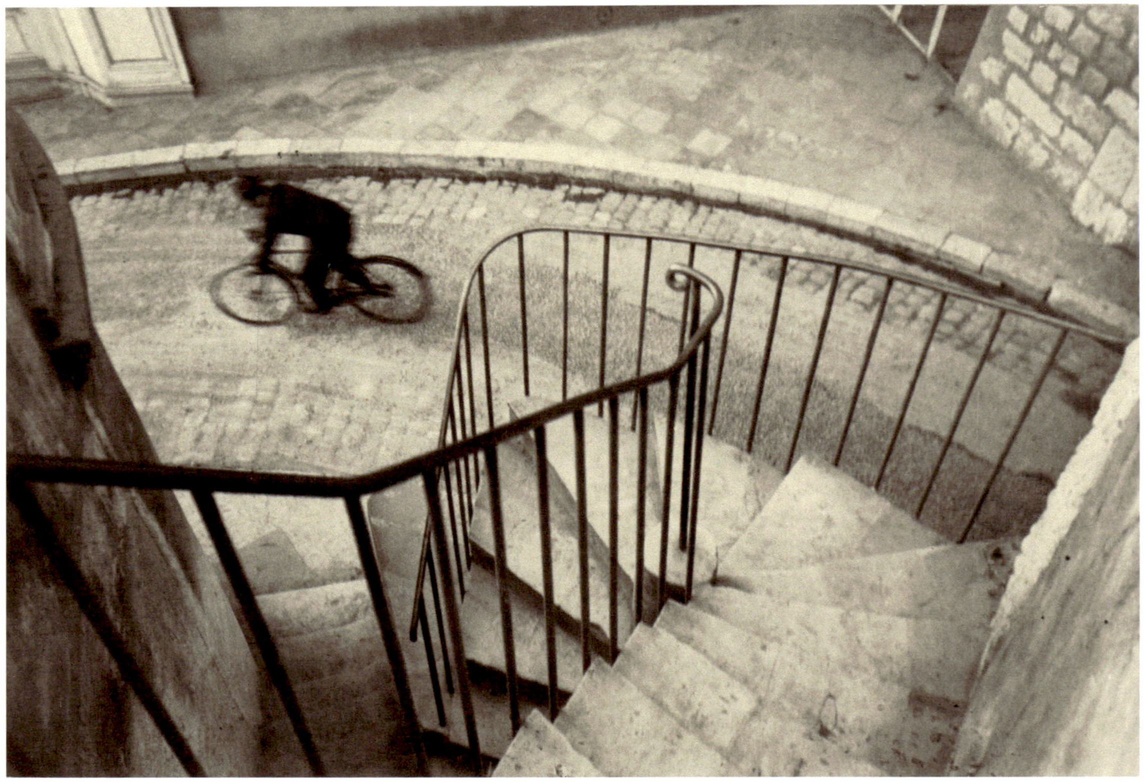

↖
Hyères, France, 1932

↗
Derrière la gare Saint-Lazare, Paris, France, 1932

« Le photographe (tant pis s'il est mal élevé) doit prendre la vie par surprise, au saut du lit. Il doit se mettre à l'affût, guetter sa proie, pressentir ce qui va se passer et quand elle est là, à sa portée, il doit se tasser sur lui-même pour mieux bondir. »

"The photographer (never mind if he appears badly brought up) has to take life by surprise, as soon as he opens his eyes. He needs to be on the alert, stalk his prey, foresee what is going to happen and once it is there, within his reach, curl up into a ball to pounce even more effectively."

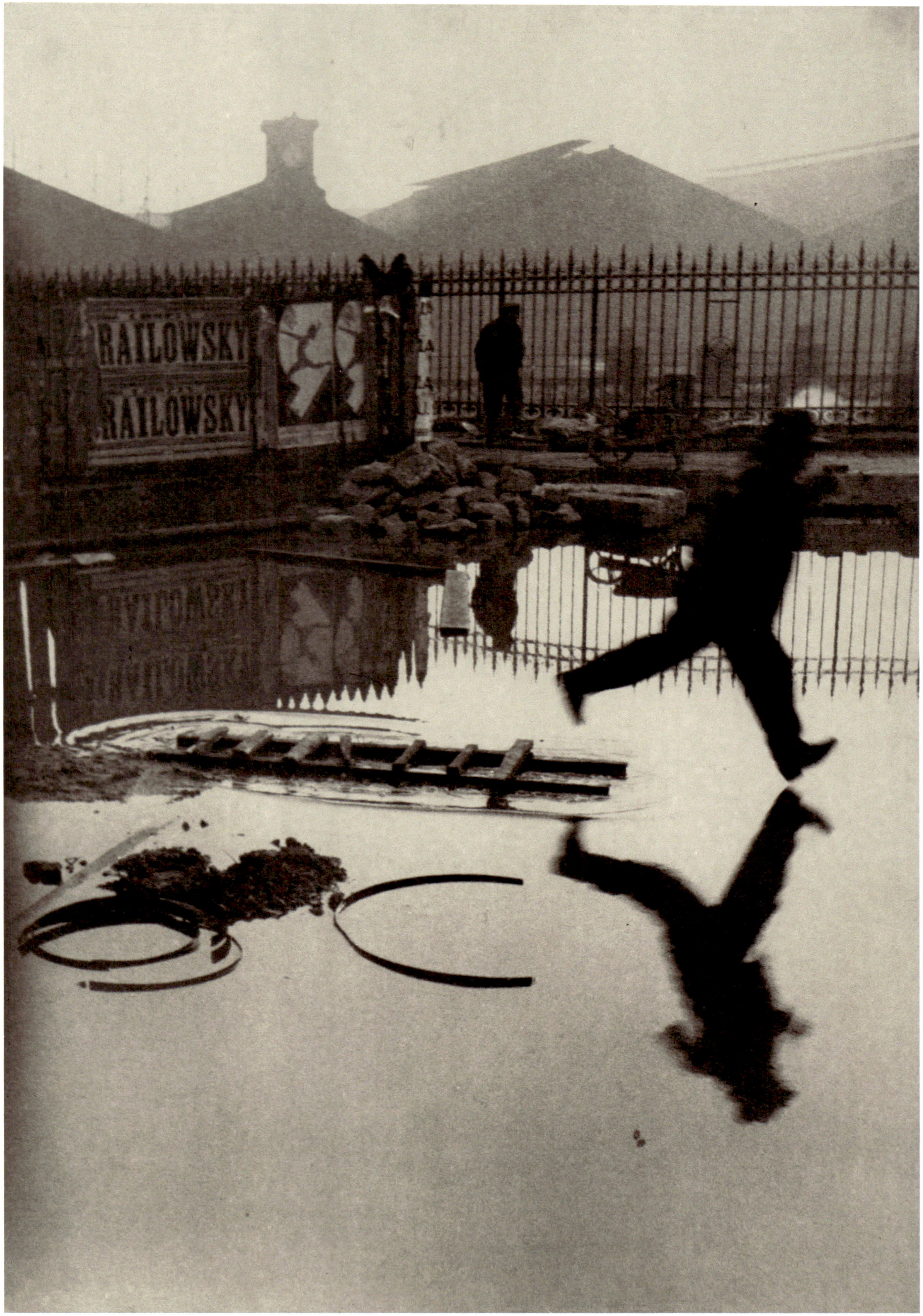

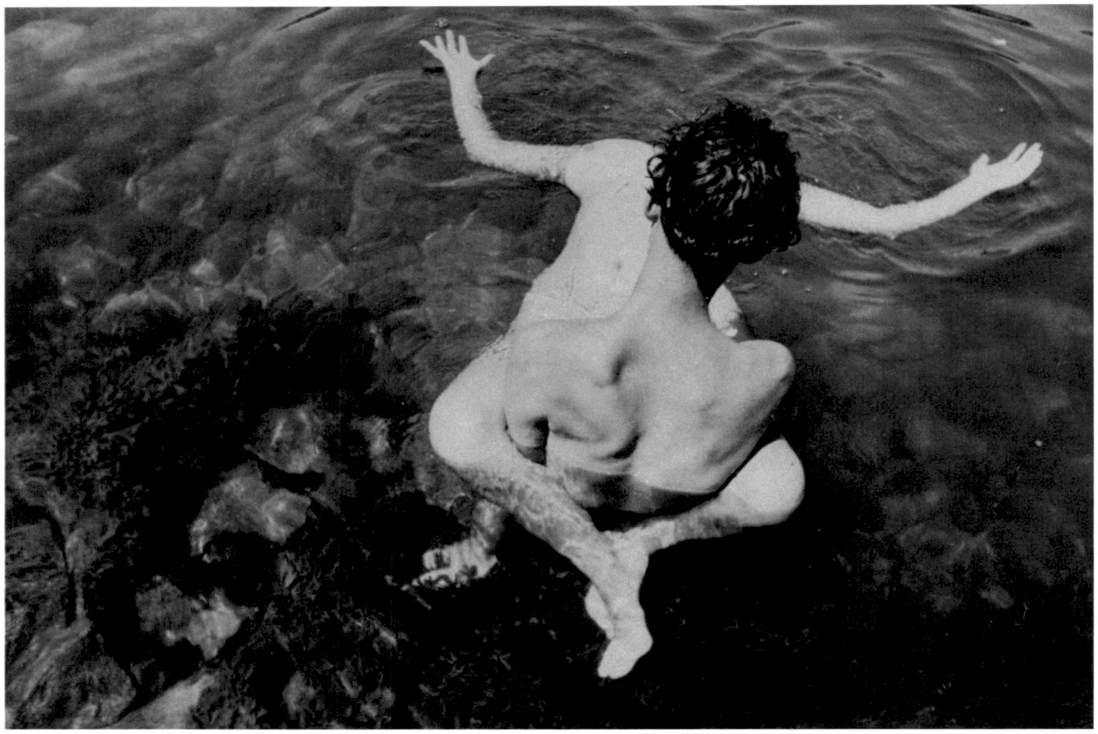

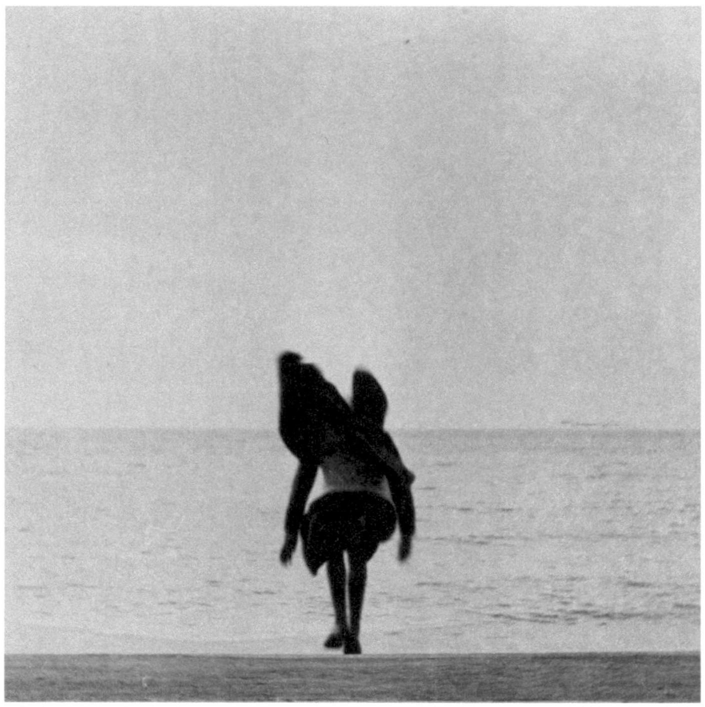

↖
André Pieyre de Mandiargues et Leonor Fini, Italie, 1933

←
Hyères, France, 1932

↗
Mexico, Mexique, 1934

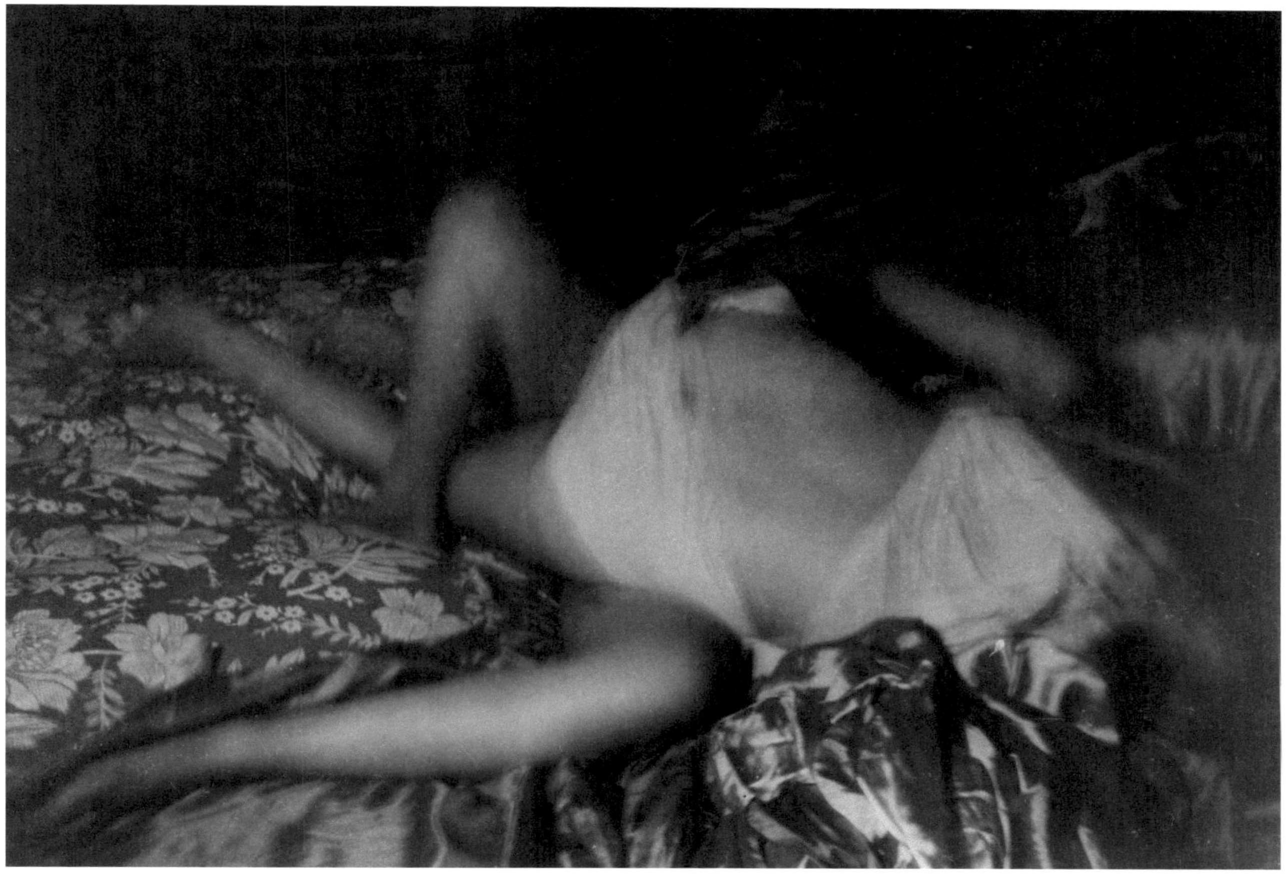

« En 1934 au Mexique, j'ai eu beaucoup de chance. Je n'ai eu qu'à pousser une porte. Deux lesbiennes étaient en train de faire l'amour. C'était d'une volupté, d'une sensualité… On ne voyait pas leurs figures. J'ai appuyé. C'est un miracle d'avoir pu voir ça. Ça n'a rien d'obscène. C'est l'amour physique dans toute sa plénitude. Jamais je n'aurais pu les faire poser. »

"In Mexico in 1934, I had a stroke of luck. I just needed to push open a door. Two lesbians were making love. It was so incredibly voluptuous and sensual… I couldn't see their faces. I pushed the shutter. It was a miracle to have been given this opportunity. There is nothing obscene about it. It is the sheer fulfilment of physical love. I would never have succeeded in getting them to pose."

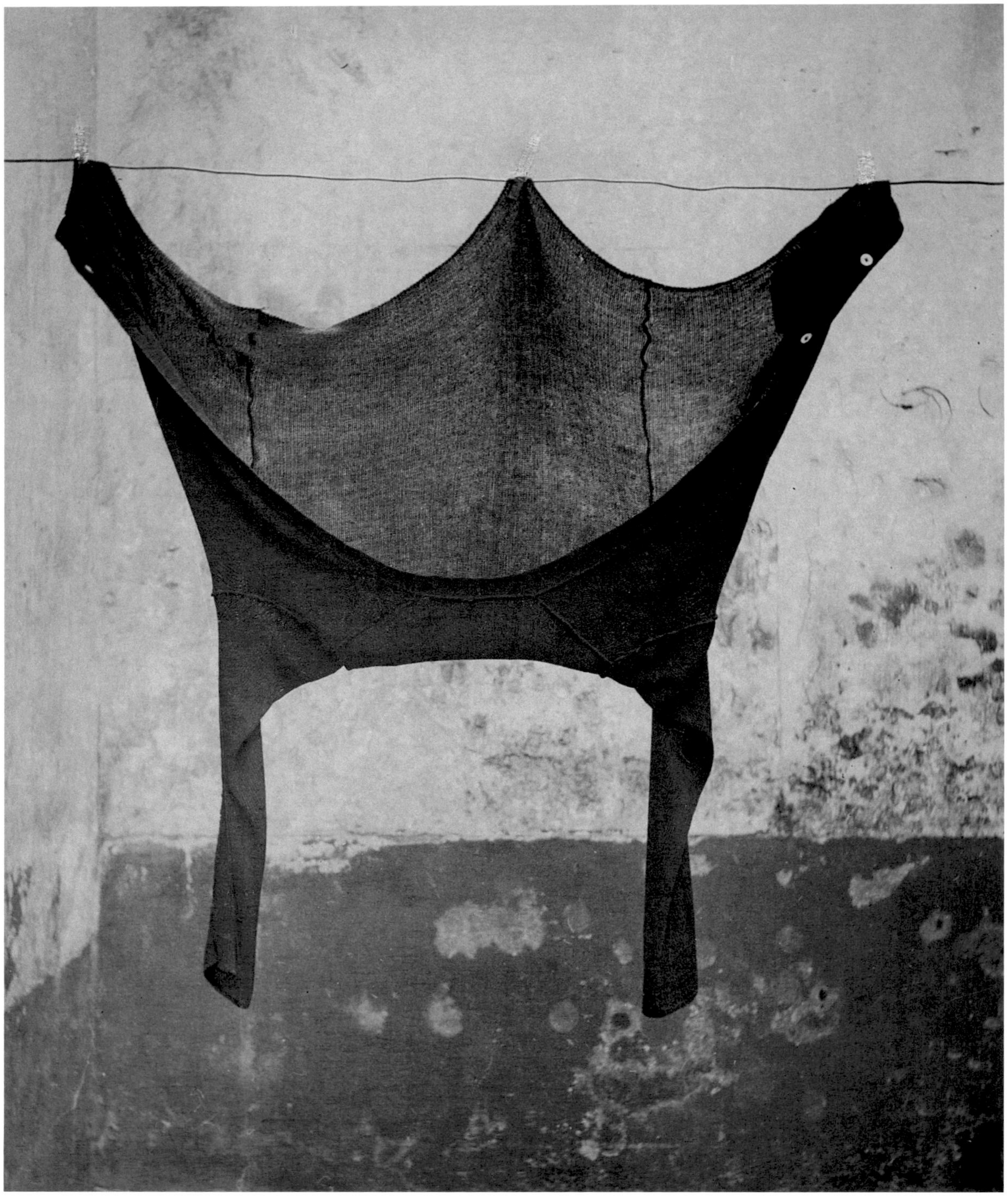

↖
Sans titre, vers 1931

↗
Natcho Aguirre,
Santa Clara, Mexique, 1934

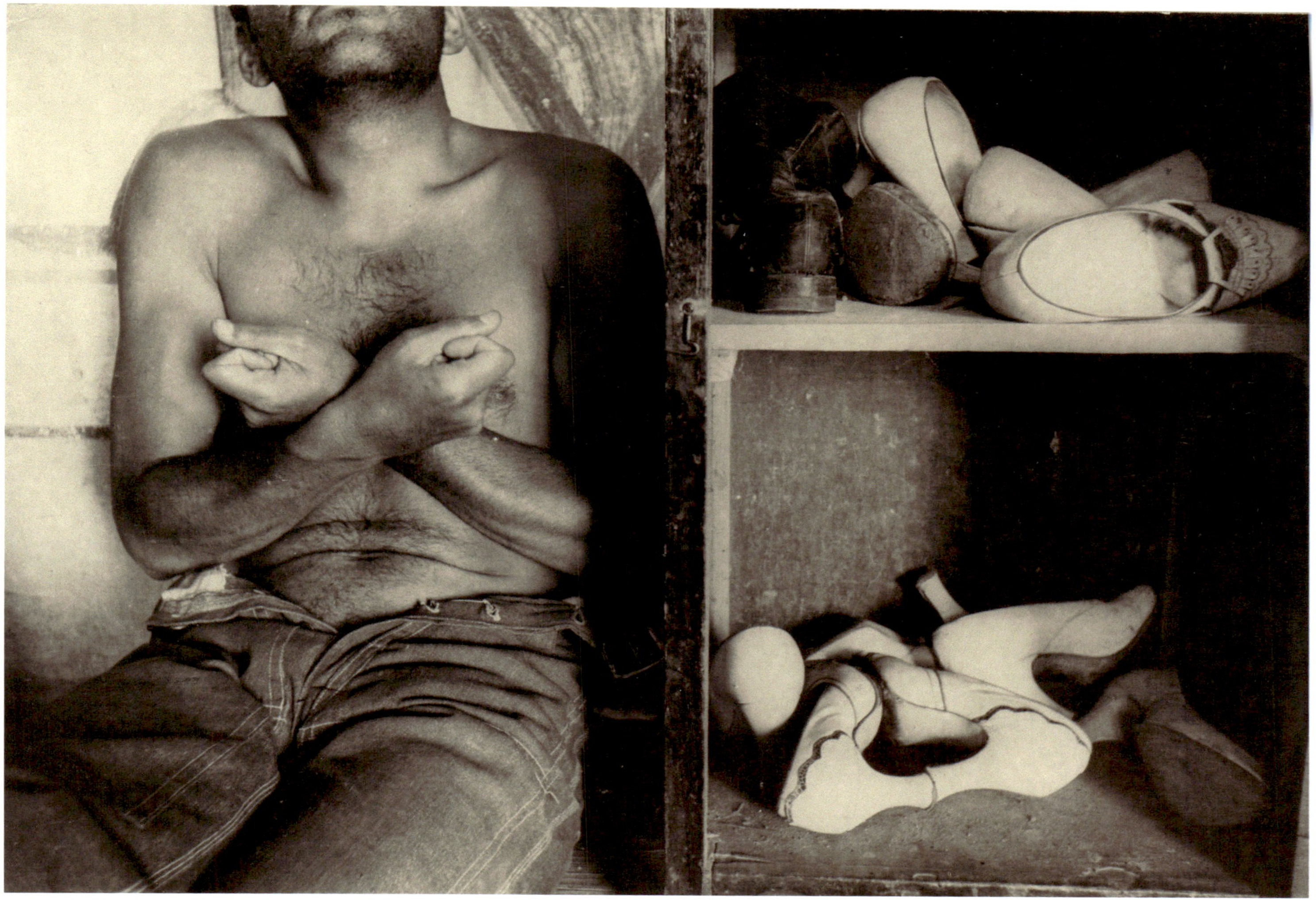

«Je suis marqué profondément par le surréalisme, et j'ai essayé toute ma vie de ne jamais le trahir.»

"Surrealism has had a profound effect on me and all my life I have done my utmost never to betray it."

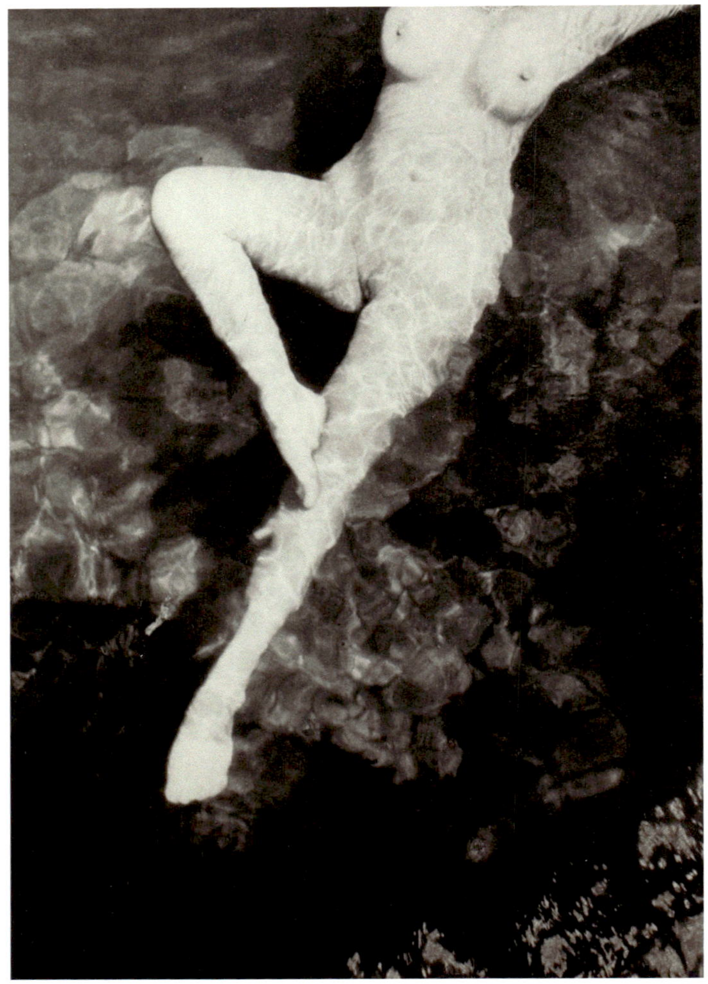

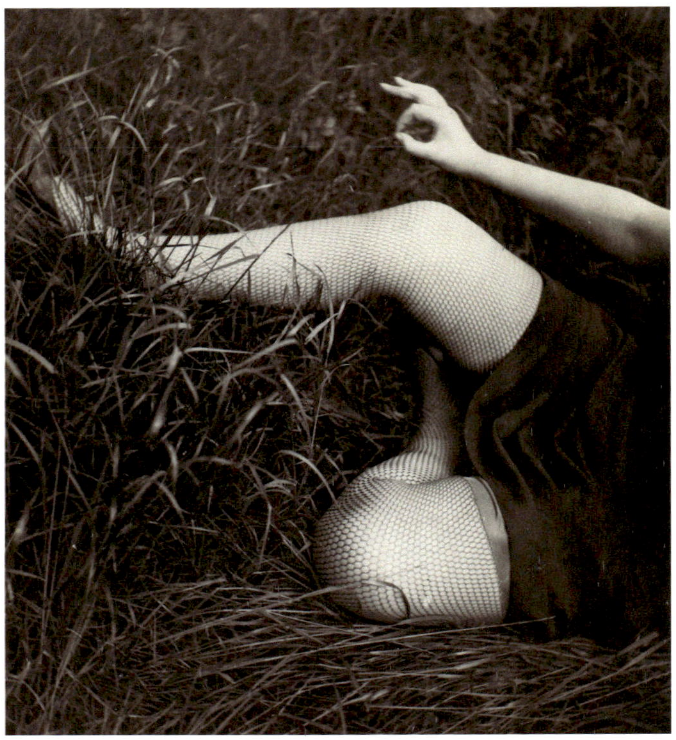

↖
Leonor Fini, Italie, 1933

←
Leonor Fini
ou Marie-Berthe Aurenche,
France, 1932

↗
Trieste, Italie, 1933

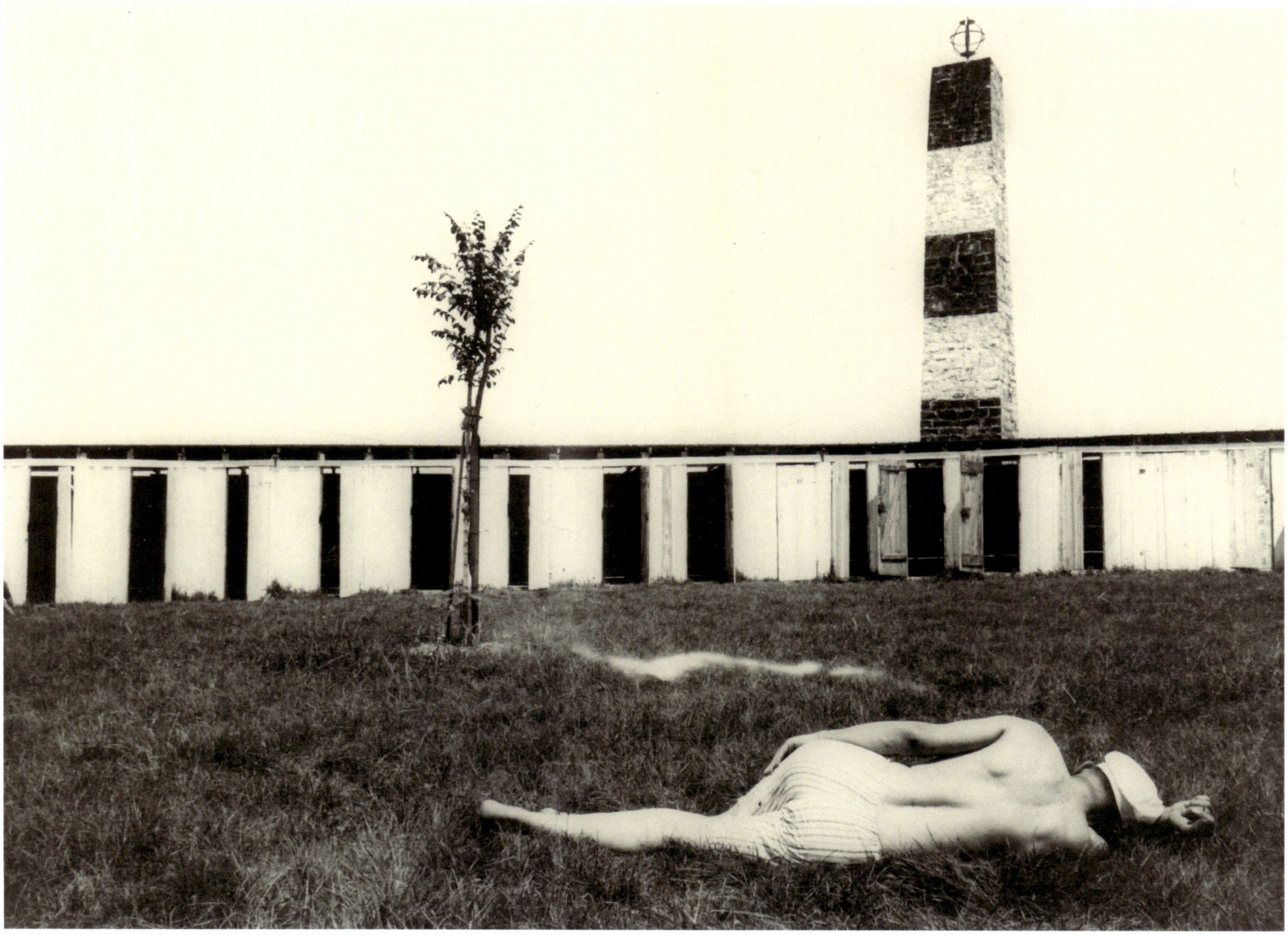

«[...] pas de bruit, pas d'ostentation personnelle, être invisible, autant que faire se peut, ne rien "préparer", ne rien "arranger", simplement être là, arriver tout doucement, à pas de loup, *afin de ne pas troubler l'eau...* »

"[...] no sound, no personal ostentation, remaining invisible, to the best of one's ability, "preparing" nothing, "staging" nothing, simply being there, arriving quietly, *stealthily, so as not to create ripples in the water...*"

L'engagement militant

Political commitment

Comme ses amis surréalistes et les personnes qu'il fréquente lors de ses voyages au Mexique et aux États-Unis, Cartier-Bresson adopte, dans les années 1930, une attitude de révolte. Ses positions politiques sont très proches de celles des communistes : anticolonialisme, défense des républicains espagnols et lutte contre la montée du fascisme. Son iconographie devient plus documentaire ; elle sert un discours ouvertement social. Ses premiers reportages, commandés par la presse communiste, informent sur les sujets de société tels que les premiers congés payés de 1936, ou rendent hommage aux idéaux du Parti, comme « l'enfance ». Il couvre également les rendez-vous politiques : lors du couronnement de George VI en mai 1937, il tourne malicieusement le dos au souverain et dirige son appareil vers le peuple qui le regarde.

Like his Surrealist acquaintances and the people he got to know during his trips to Mexico and the United States, Cartier-Bresson's stance during the 1930s was one of revolt. His political opinions were akin to those of the Communists: anti-colonialism, the defence of the Spanish Republicans and the struggle against the rise of Fascism. His iconography now tended towards the documentary and expressed a clearly social agenda. His first reportages, commissioned by the Communist press, covered social issues such as the introduction of paid holidays in 1936 or vaunted Party ideals such as "childhood". He also covered political events: during the coronation of George VI in May 1937, for instance, he impertinently turned his back on the sovereign and directed his camera towards the crowd of onlookers.

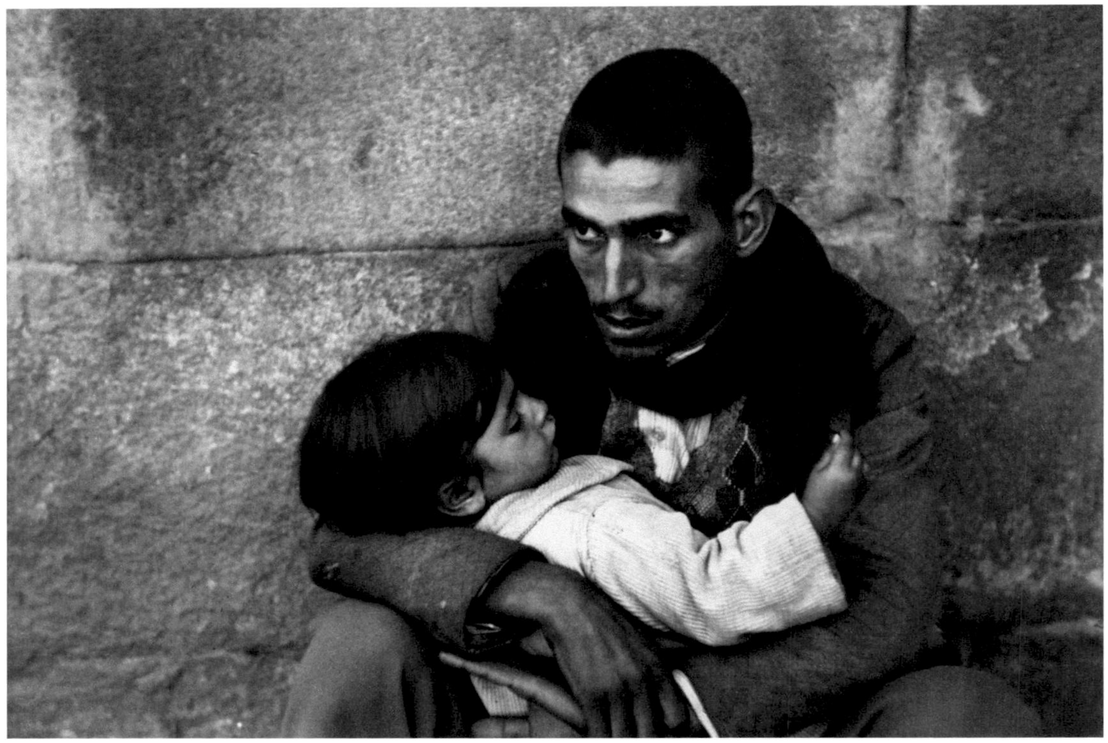

« L'homme. L'homme et sa vie, si courte, si frêle, si menacée. [...] Moi, je m'occupe presque uniquement de l'homme. Je vais au plus pressé. Les paysages ont l'éternité. »

"Man. Man and his life, so short, so frail, so vulnerable. [...] For my part, I am almost exclusively concerned with Man. I cut straight to the chase. Eternity is for landscapes."

↖
Madrid, Espagne, 1933

↗
Couronnement de George VI, Trafalgar Square, Londres, Angleterre, 12 mai 1937

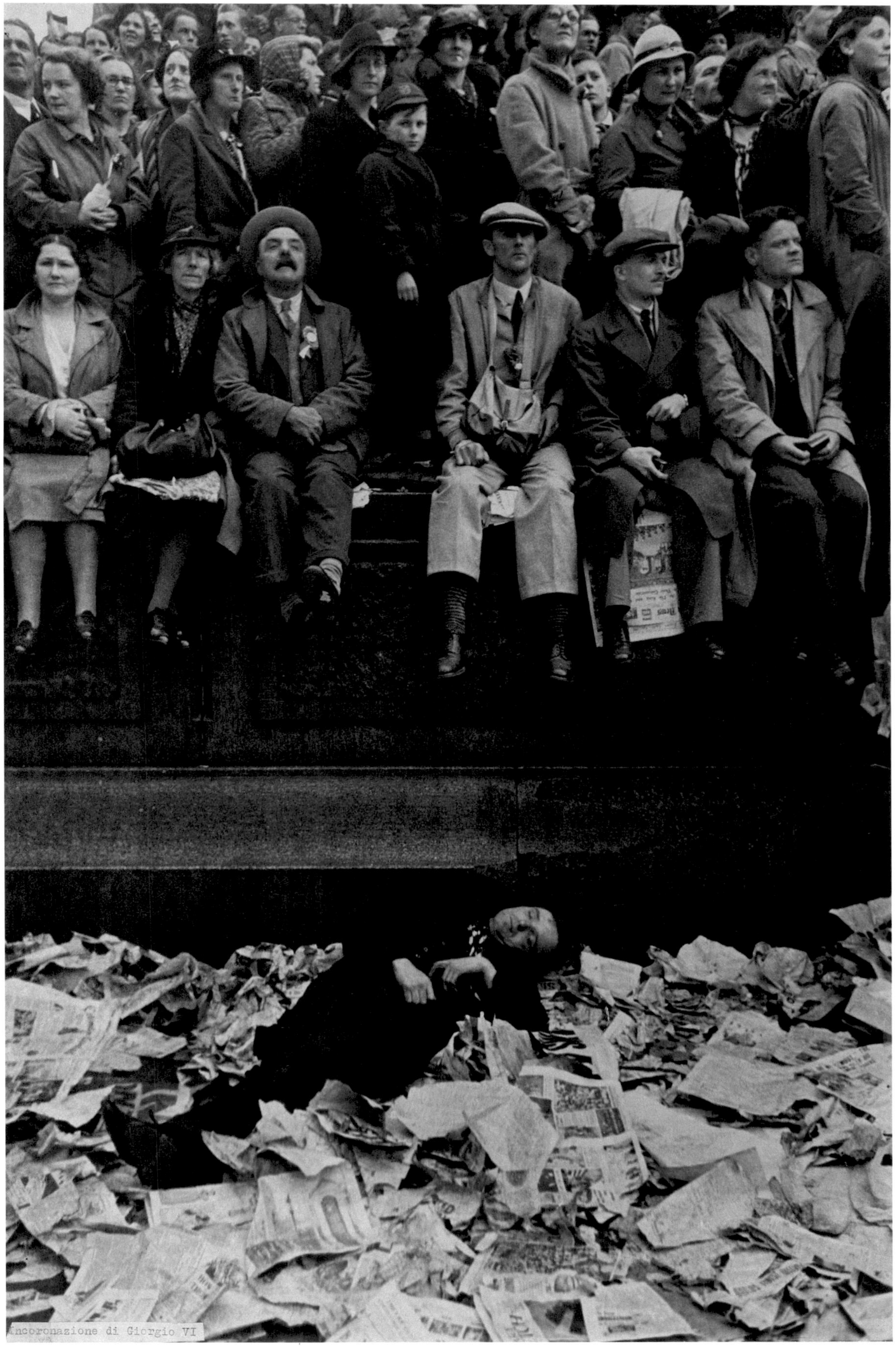

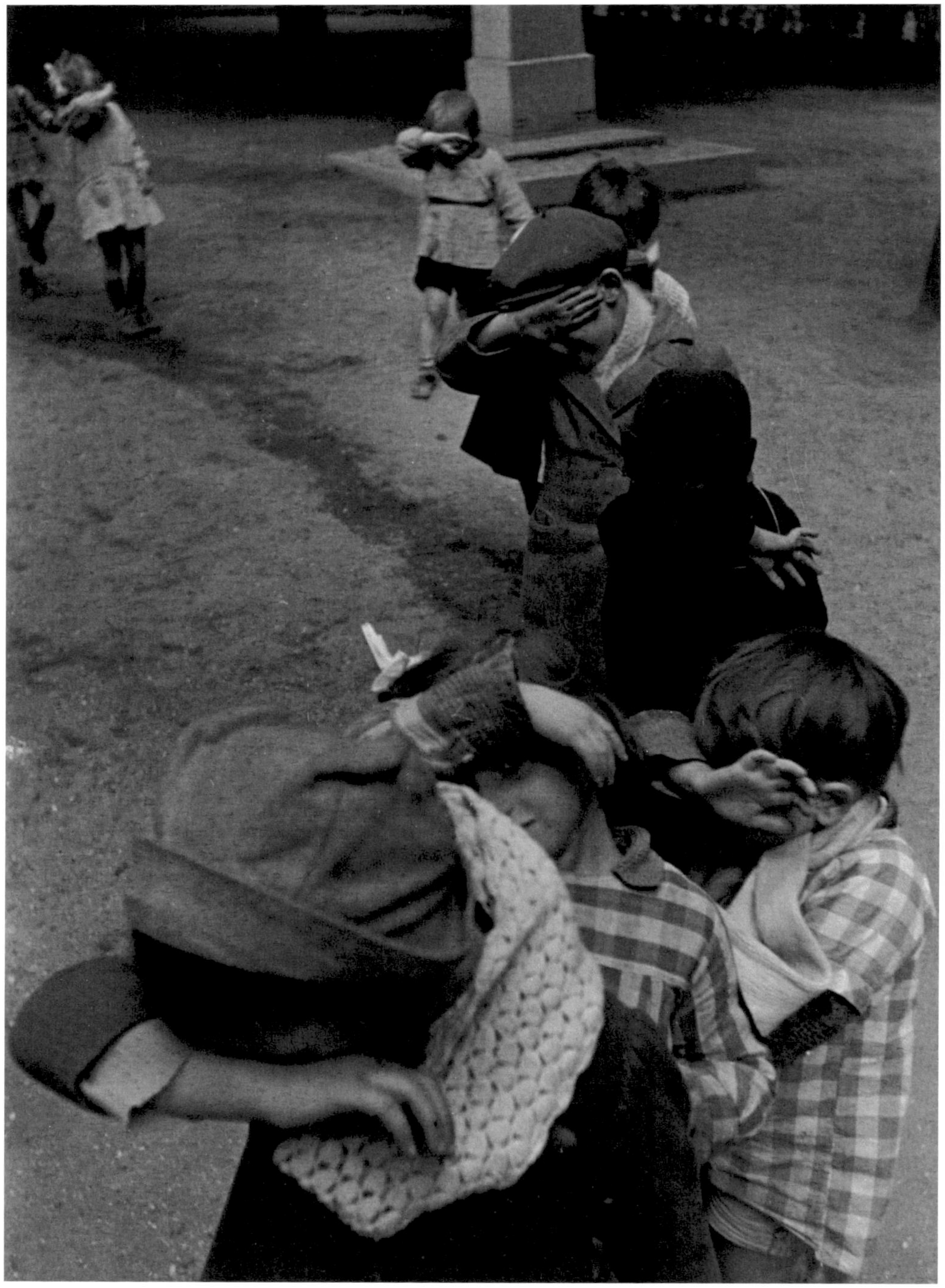

↖
Enfants chantant « L'Oiseau endormi et qui mit sa tête sous l'aile » dans un jardin public, Paris, France, 1938

↗
Premiers congés payés, bords de Seine, France, 1936

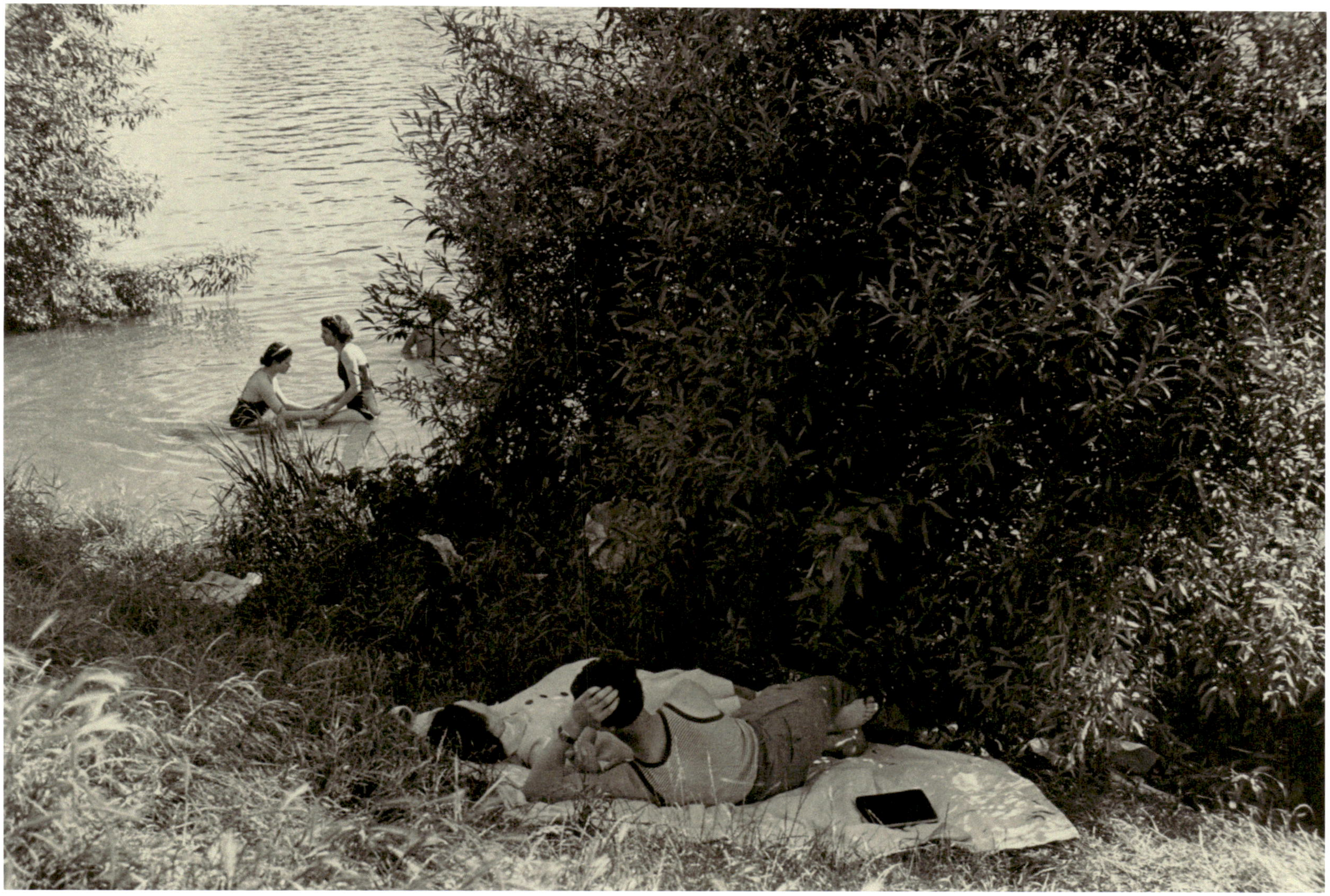

Le cinéma et la guerre

Film and war

L'expérience cinématographique de Cartier-Bresson participe de son engagement politique. Entre 1935 et 1945, il délaisse la photographie pour le film, dont la structure narrative permet de toucher un plus large public. À New York, il est proche de la coopérative militante Nykino, et assiste Jean Renoir, qui réalise en 1936 *La vie est à nous* et *Partie de campagne* pour le parti communiste. Par l'intermédiaire de ce réseau, il part en Espagne pendant la guerre civile et tourne plusieurs documentaires dont *Victoire de la vie* (1937). Mobilisé dans la section « Film et photographie » de la 3e armée pendant la Seconde Guerre mondiale, il passe trois ans en captivité avant de s'évader et de rejoindre un groupe de résistants communistes. Entre 1944 et 1945, il documente, avec son appareil photographique ou sa caméra, les ruines du village d'Oradour-sur-Glane, la libération de Paris et le retour des prisonniers d'Allemagne.

Cartier-Bresson's experiments in film were an offshoot of his political commitment. Between 1935 and 1945, he favoured film over photography, for its narrative structure enabled him to reach a wider audience. In New York, he became closely involved with the militant cooperative Nykino and he also assisted Jean Renoir, who directed in 1936 *Life Belongs to Us* and *A Day in the Country* on behalf of the Communist party. Thanks to this network, he reached Spain during the Civil War, where he directed a number of documentaries including *Return to Life* (1937). Stationed in the "Film and Photography" section of the 3rd army during the Second World War, he spent three years in captivity before managing to escape, joining a group of Communist Resistance fighters. Between 1944 and 1945, he used both his stills and movie cameras to document the ruins of the village of Oradour-sur-Glane, the Liberation of Paris and the return of French prisoners from Germany.

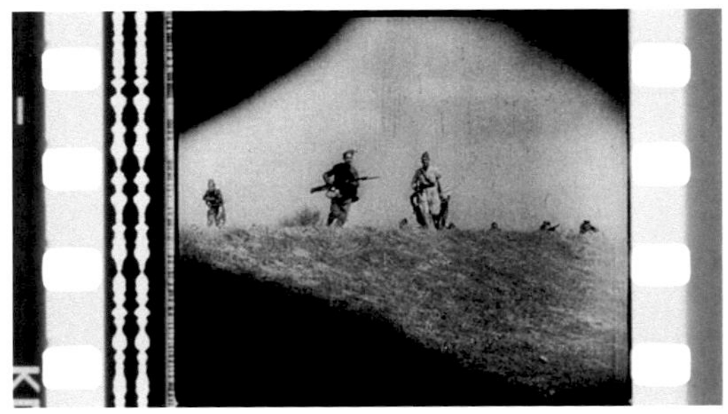

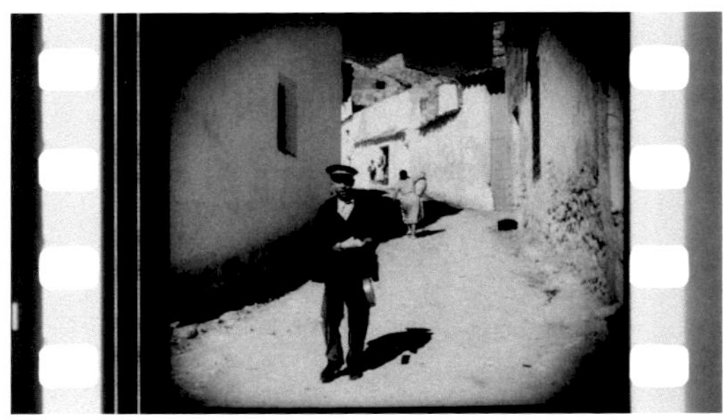

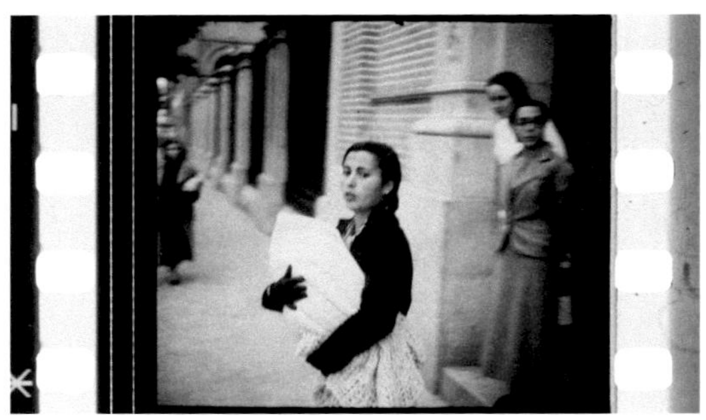

↖
Henri Cartier-Bresson
Photogrammes extraits du film Victoire de la vie, 1937
Film documentaire 35 mm, noir et blanc, sonore
49'

↗
Dans un camp de personnes déplacées, une indicatrice est reconnue par celle qu'elle avait dénoncée, Dessau, Allemagne, mai-juin 1945

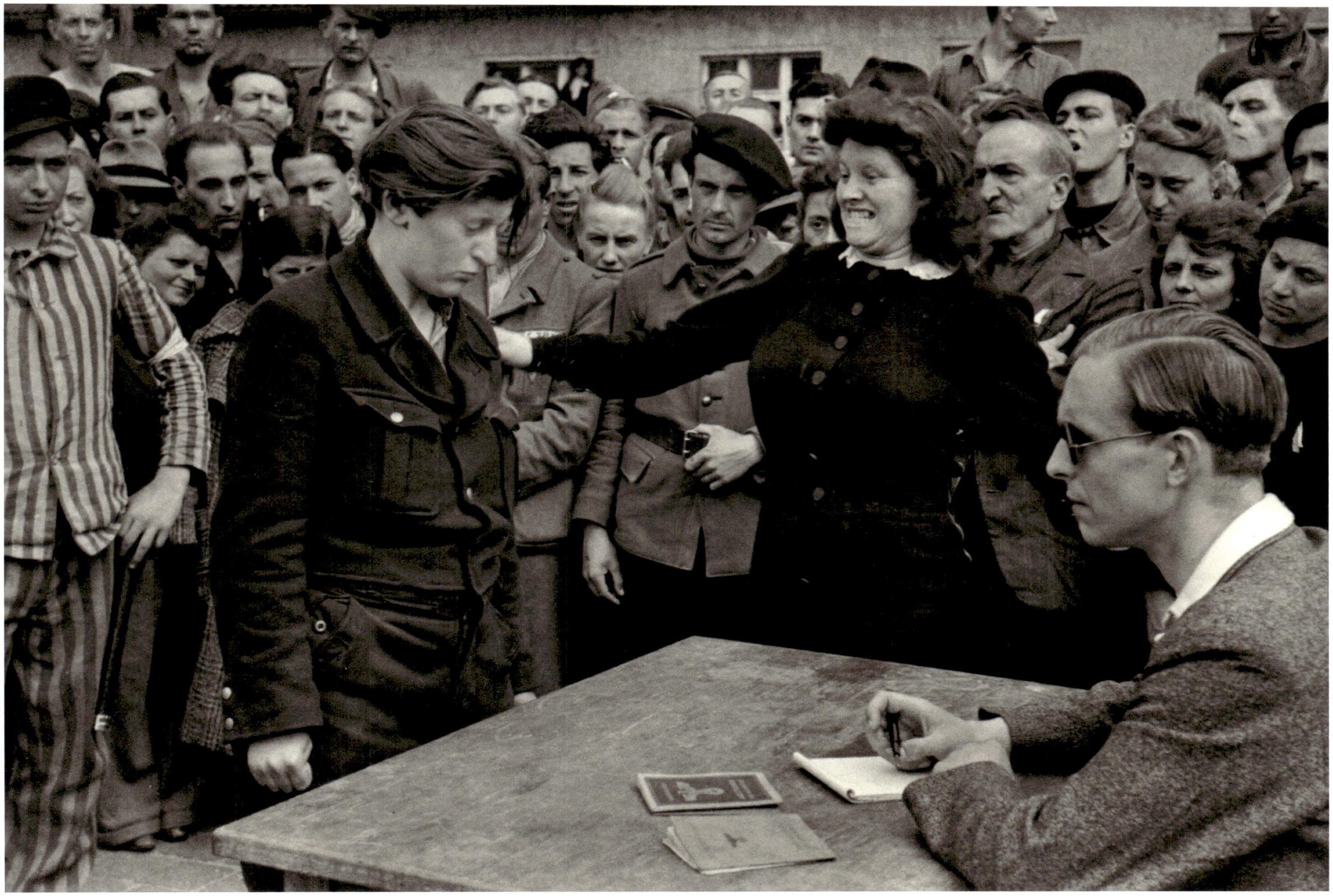

«Pour moi, le cinéma n'a aucun rapport avec la photographie. La photographie, c'est une chose visuelle qui se voit dans le plan comme un dessin, une litho, une peinture. Le cinéma est un discours.»

"To me, film has nothing to do with photography. Photography is a visual thing that can be seen in the plane like a drawing, a lithograph or a painting. Film is a discourse."

Le choix du photoreportage

The choice of photo reportage

La rétrospective que consacre le MoMA de New York à Cartier-Bresson en février 1947 marque la consécration institutionnelle du génie créatif du photographe. Cette même année pourtant, il cofonde la coopérative Magnum Photos et oriente sa pratique vers le genre du photoreportage. Il se plie dès lors aux contraintes du métier, qu'elles soient techniques ou qu'elles aient trait aux sujets d'actualités. Jusqu'au début des années 1970, les magazines publient ses images dans le monde entier. Certaines ont particulièrement marqué les esprits : la foule indienne en deuil lors des funérailles de Gandhi ou « la ruée vers l'or » des Chinois les derniers jours du Kuomintang. En marge des événements, il montre également le quotidien des peuples : en Russie après la mort de Staline, à Cuba en 1963, en France après les troubles de Mai 1968.

The retrospective devoted to Cartier-Bresson in February 1947 at MoMA in New York marked the official consecration of the photographer's creative genius. That very same year, however, he co-founded Magnum Photos, orienting his activity towards the realm of photo reportage. He immediately complied with the constraints of the job, both in terms of technique and in the context of current affairs. Until the early 1970s, his photographs were published in magazines all over the world. Some remain with us to this day: the mourning crowds in India during Gandhi's funeral or the Chinese "gold rush" in the last days of the Kuomintang. Alongside such newsworthy items, he also photographed people's daily lives: in Russia following the death of Stalin, in Cuba in 1963, in France in the wake of the May 1968 uprising.

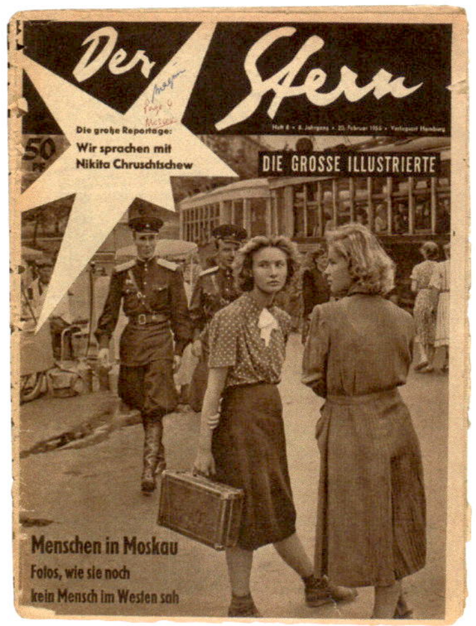

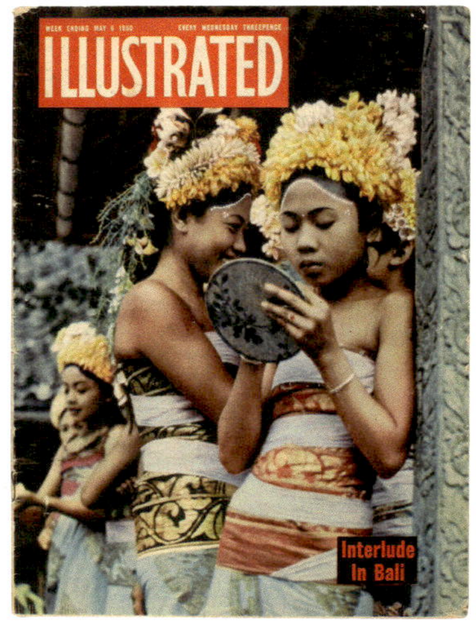

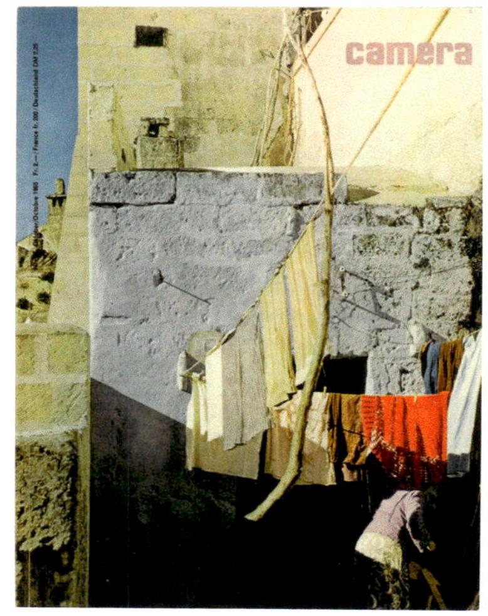

↖
Illustrated,
6 mai 1950,
couverture
(Photographie
d'Henri Cartier-Bresson)

↖
Der Stern, n° 8,
20 février 1955,
couverture
(Photographie
d'Henri Cartier-Bresson)

↑
Camera, n° 10,
octobre 1955,
couverture
(Photographie
d'Henri Cartier-Bresson)

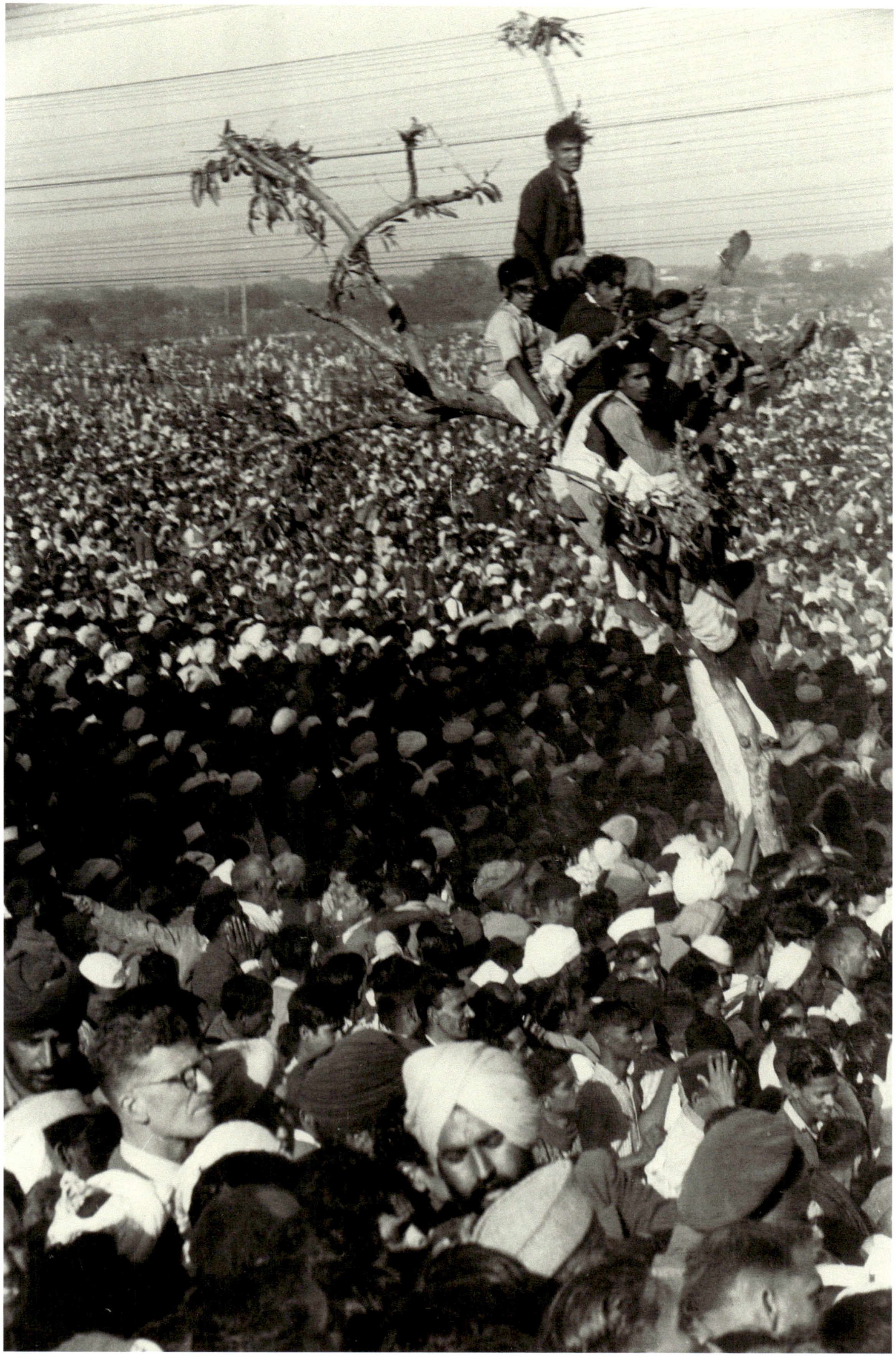

→
Funérailles de Gandhi,
New Delhi, Inde,
31 janvier 1948

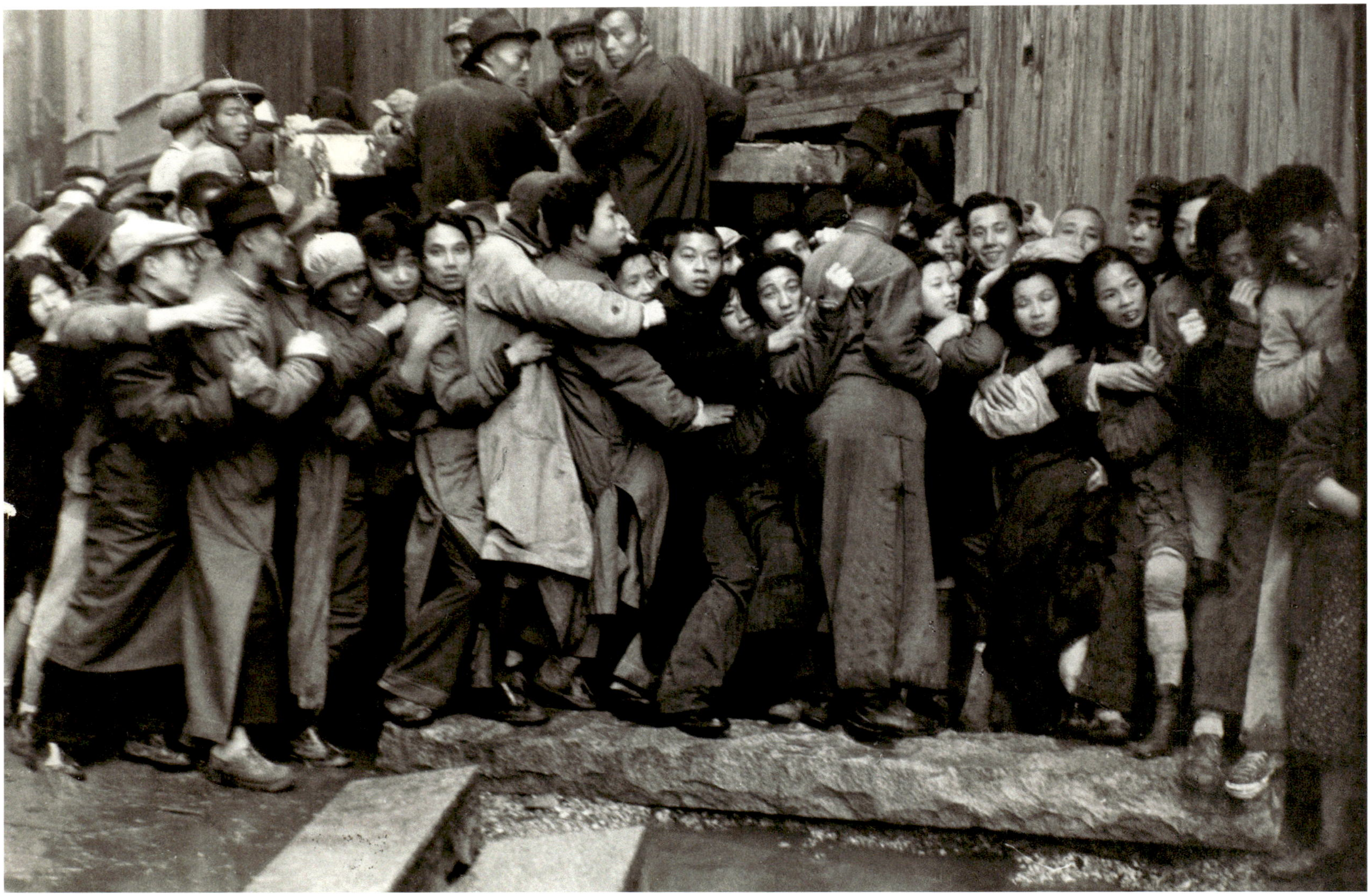

«Avec Magnum est née la nécessité de raconter une histoire.»

"Magnum triggered the need to tell a story."

↖
Foule attendant devant une banque pour acheter de l'or pendant les derniers jours du Kuomintang, Shanghai, Chine, décembre 1948

→
Marchands de dollars, Beijing, Chine, décembre 1948

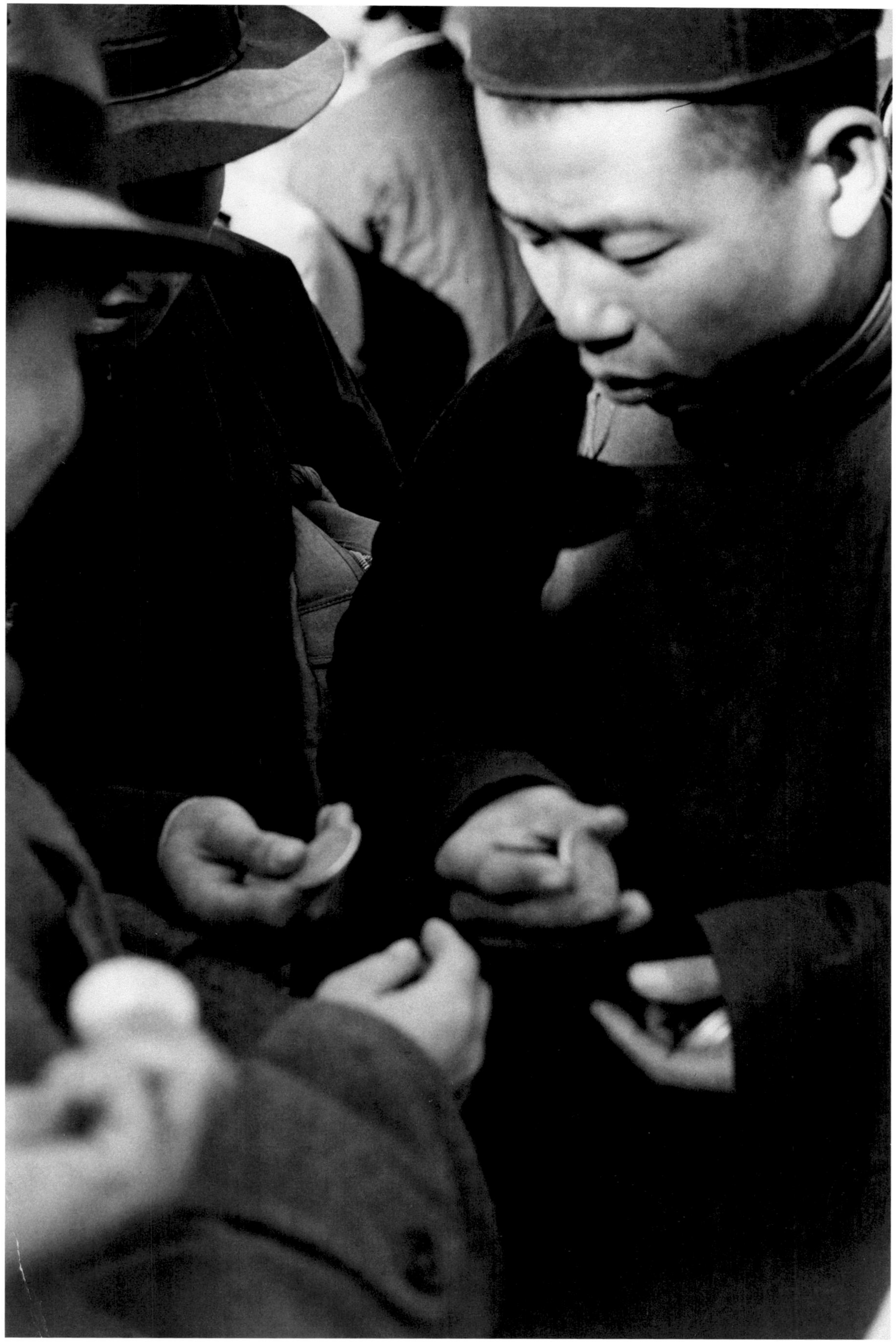

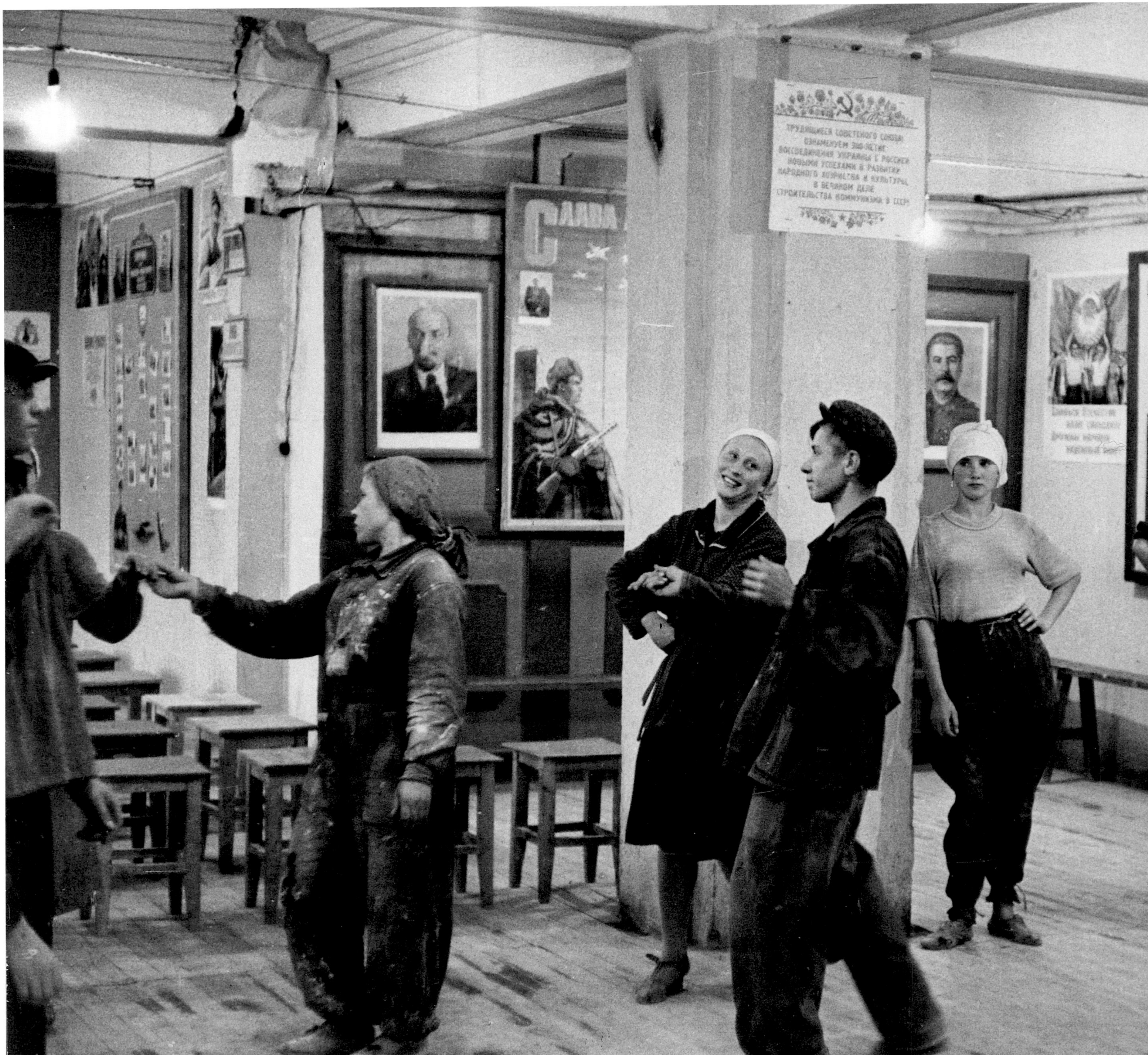
ТРУДЯЩИЕСЯ СОВЕТСКОГО СОЮЗА!
ОЗНАМЕНУЕМ 300-ЛЕТИЕ
ВОССОЕДИНЕНИЯ УКРАИНЫ С РОССИЕЙ
НОВЫМИ УСПЕХАМИ В РАЗВИТИИ
НАРОДНОГО ХОЗЯЙСТВА И КУЛЬТУРЫ,
В ВЕЧНОМ ДЕЛЕ
СТРОИТЕЛЬСТВА КОММУНИЗМА В СССР

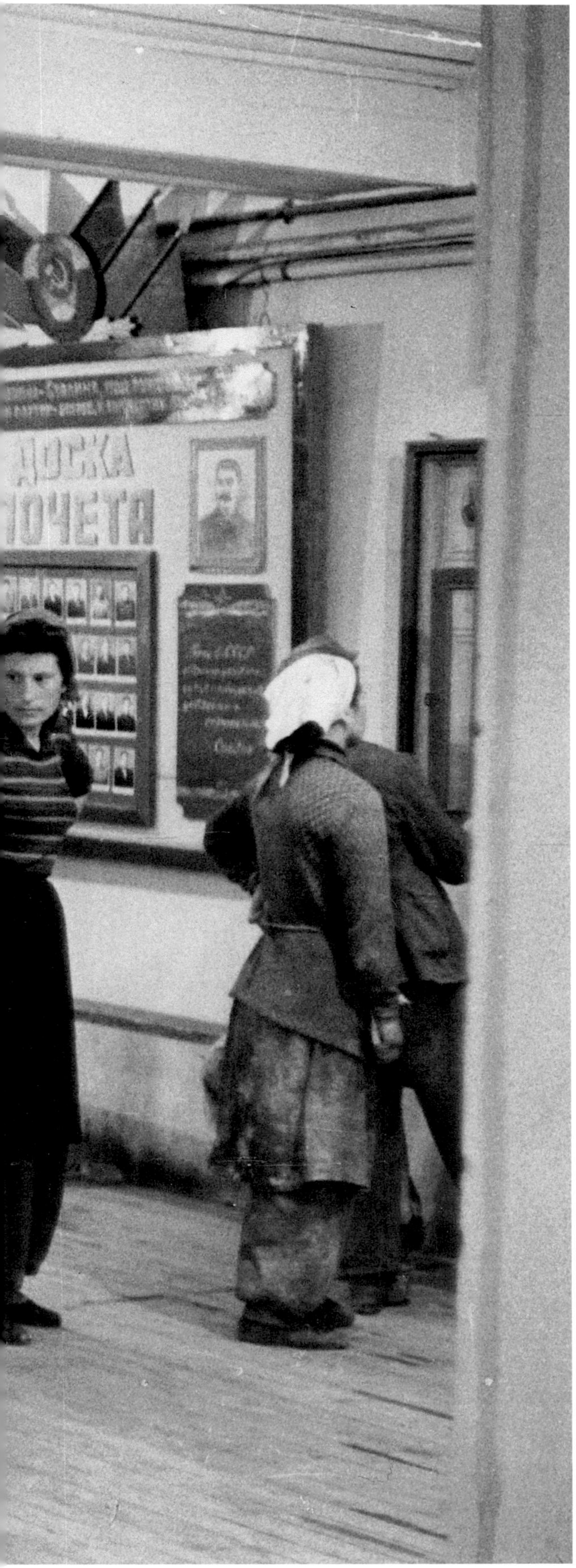

«Pour moi, le reportage est la photo unique, le raccourci qui réussit à exprimer une situation. Pour y arriver, il faut une attention constante, aller dans la rue, être tout le temps présent, regarder. [...] L'anecdote, la photo choc, la photo documentaire qui explique sont mauvaises. On n'explique rien. On suggère seulement.»

"To me, reportage represents the unique photo, the shortcut that succeeds in summing up a situation. To achieve that, you need to be constantly on the alert, to get out on the streets, to be on hand the whole time, to observe. [...] The anecdote, the shocking image, the explanatory documentary photo serve no useful purpose. We're not explaining anything. Simply suggesting."

Cantine pour les ouvriers travaillant sur la construction de l'hôtel Metropol, Moscou, Russie, 1954

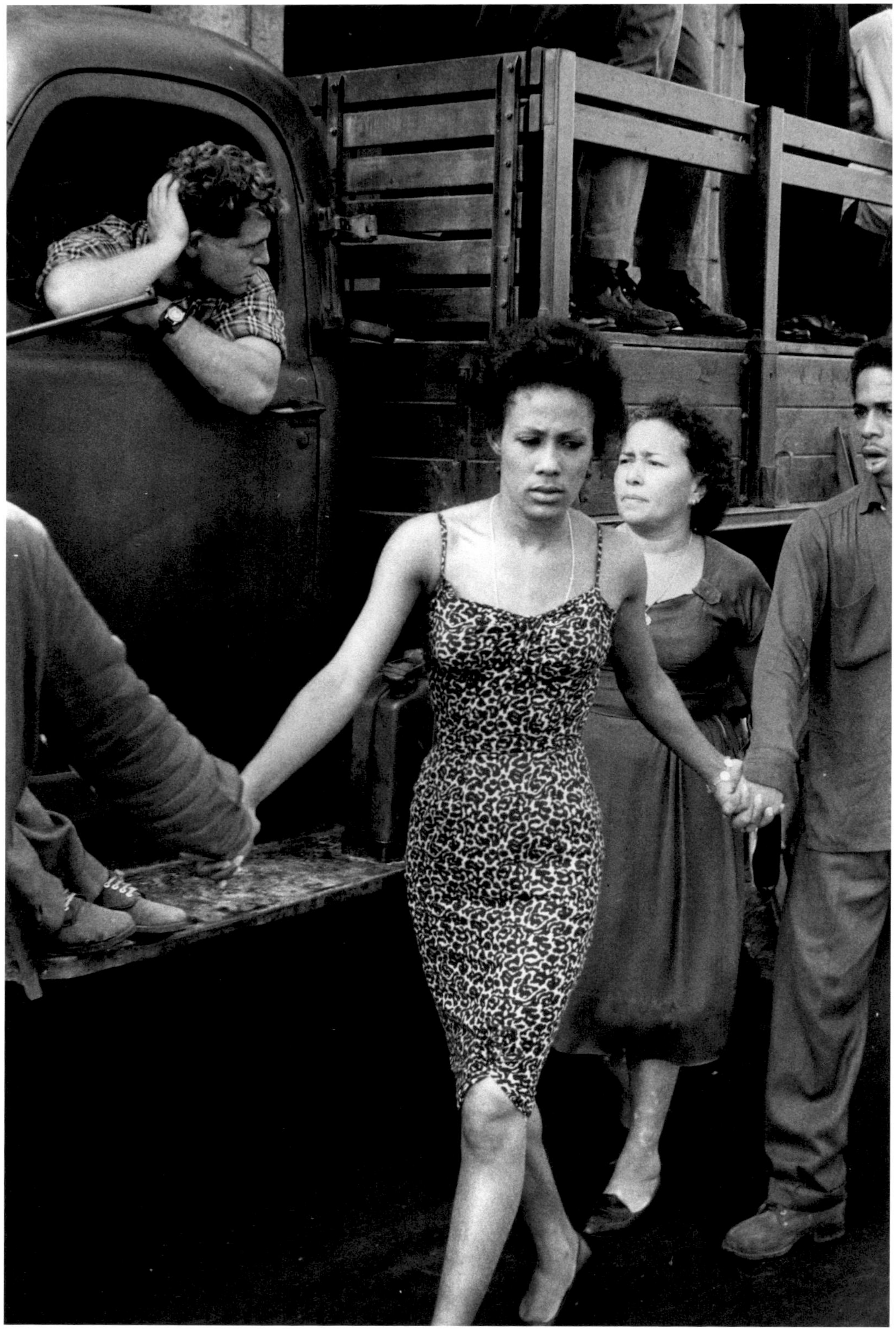

↖
Cortège funéraire pour le chanteur Benny Moré, La Havane, Cuba, 1963

↗
Güines, près de La Havane Cuba, 1963

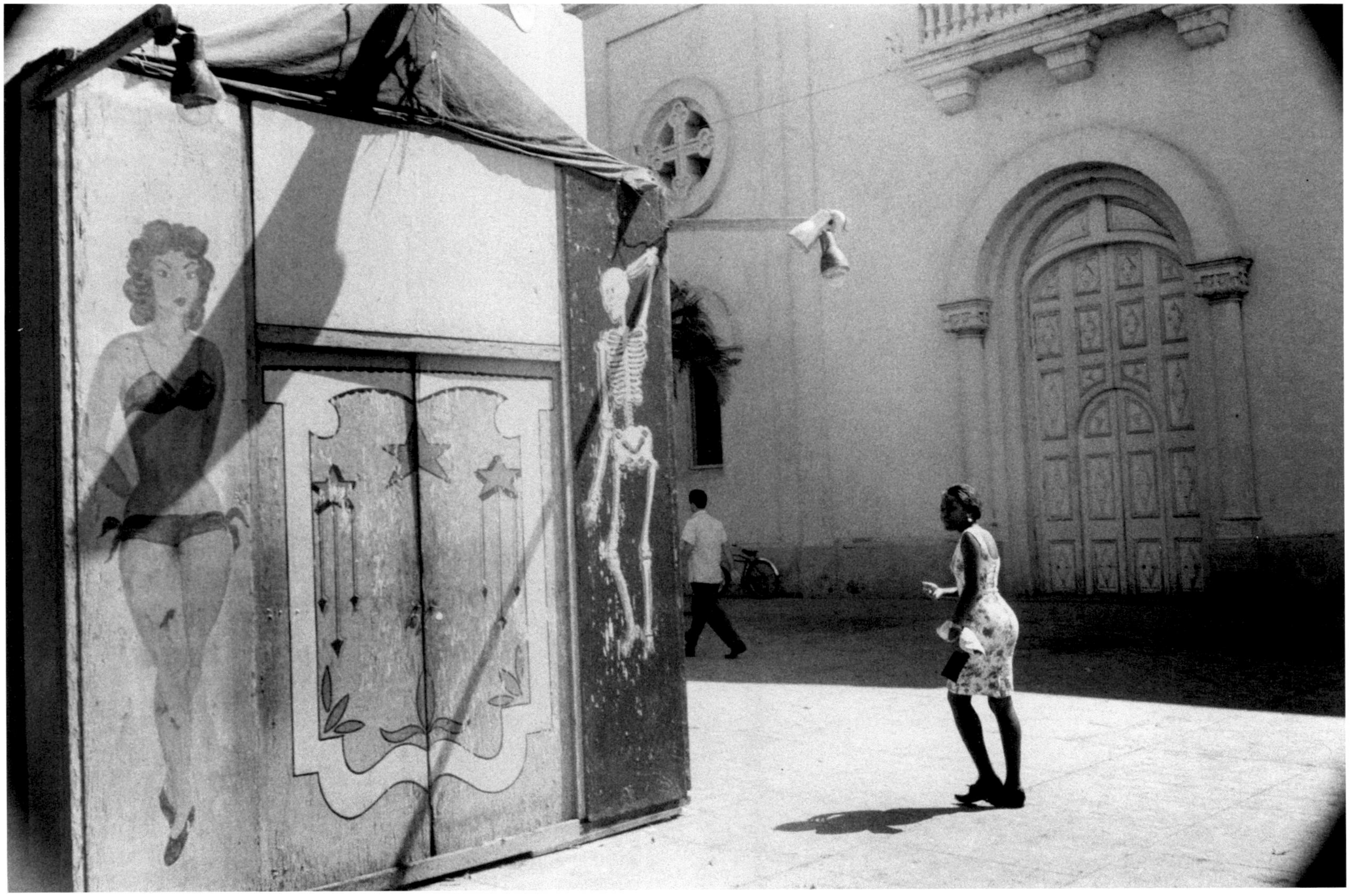

« La photographie pour moi n'est pas un travail, juste un dur plaisir, ne rien vouloir, attendre la surprise, être une plaque sensible. »

"Photography is not a job to me, it's just a fierce enjoyment; you have no expectations, you wait for the surprise, you're like a sensitive plate."

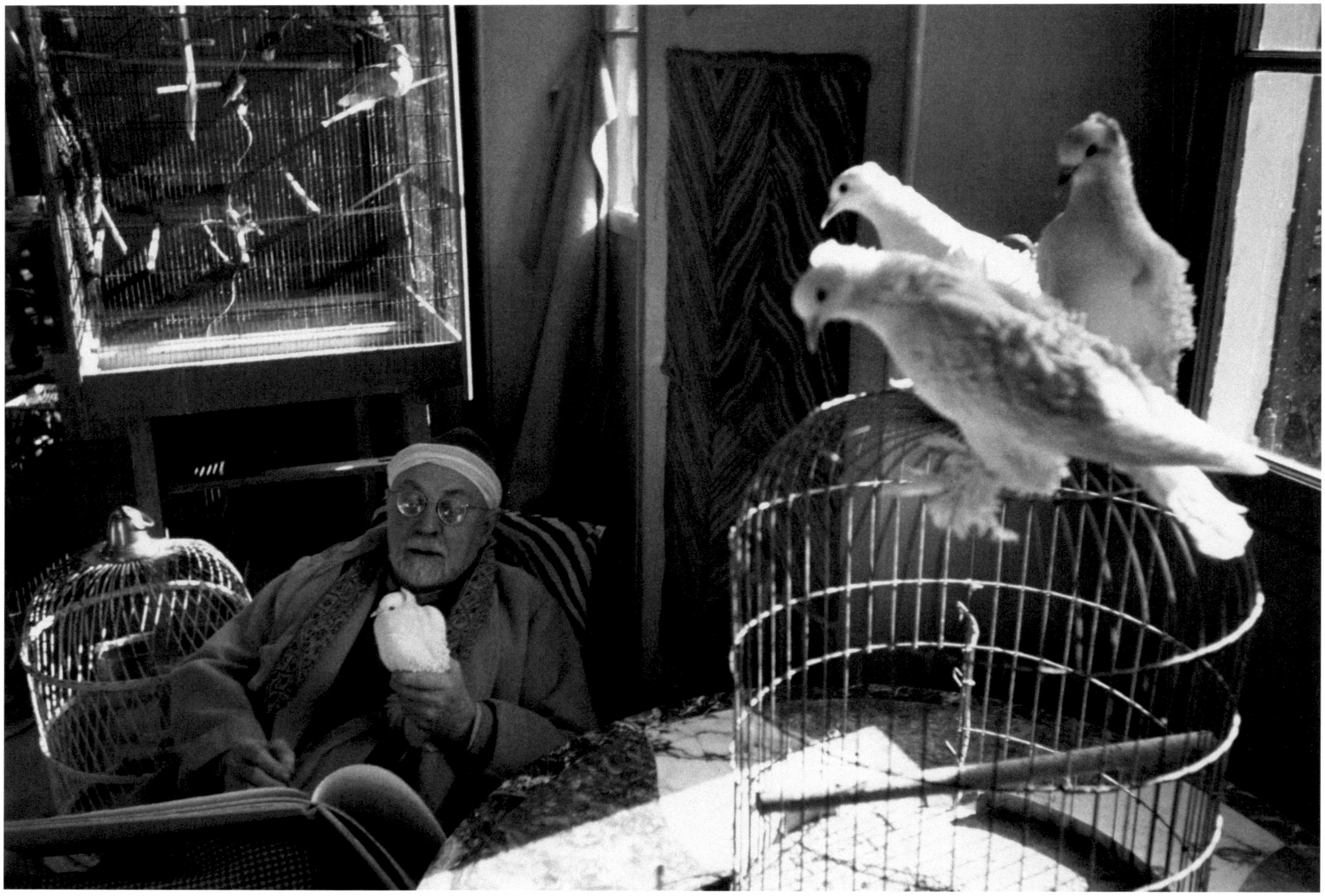

«Faire des photographies dans la rue est une joie. Mais le portrait est ce qui est le plus difficile pour moi. Cela n'a rien à voir avec un instantané de quelqu'un pris dans la rue. [...]. Vous devez essayer de placer votre appareil entre la peau d'une personne et sa chemise, ce qui n'est pas facile.»

"Street photography is a joy. But the most difficult thing for me is a portrait. It's not at all like someone you catch on the street. [...] And you have to try and put your camera between the skin of a person and his shirt, which is not an easy thing."

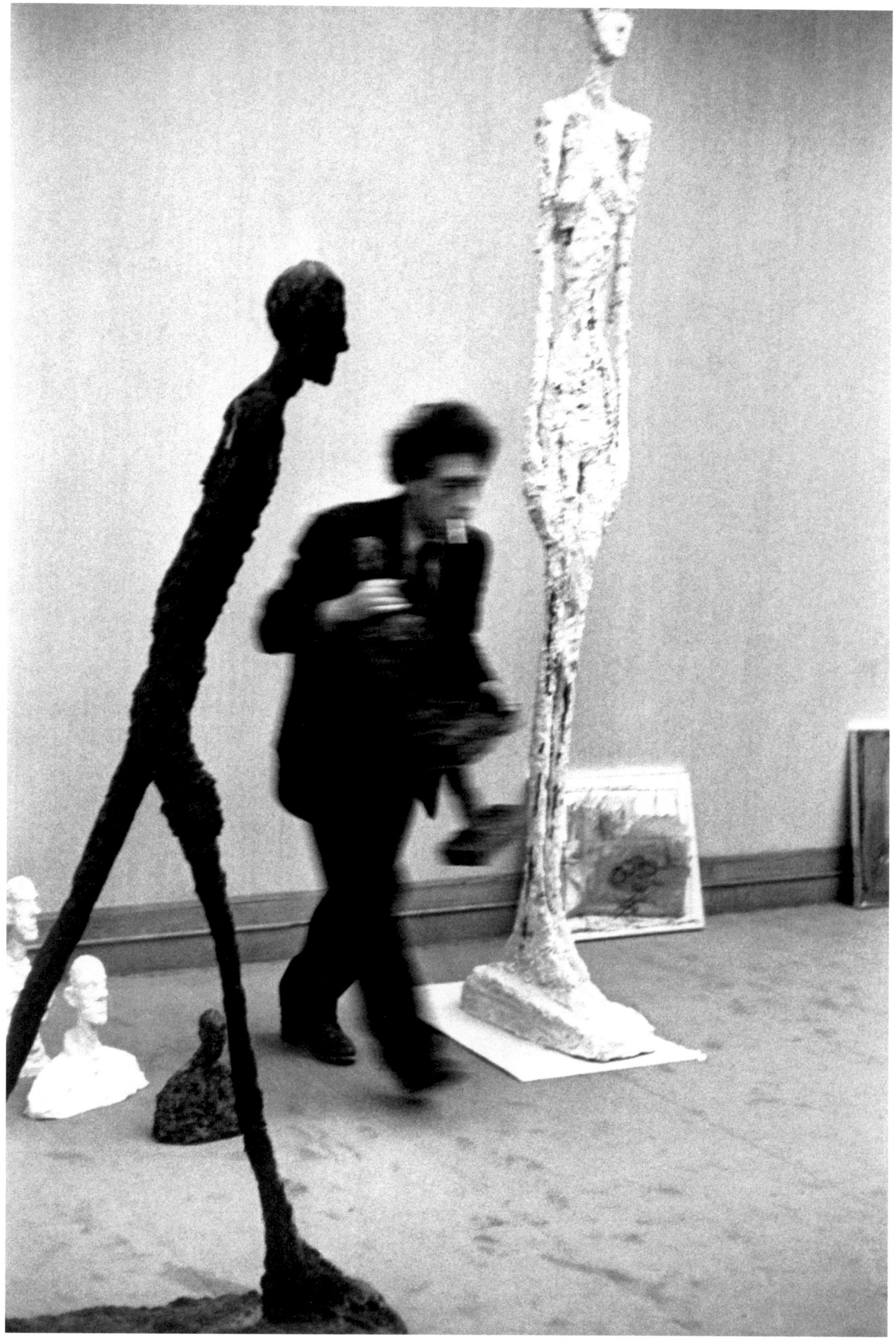

↖
Henri Matisse à son domicile, Vence, France, 1944

↗
Alberto Giacometti à la Galerie Maeght, Paris, France, 1961

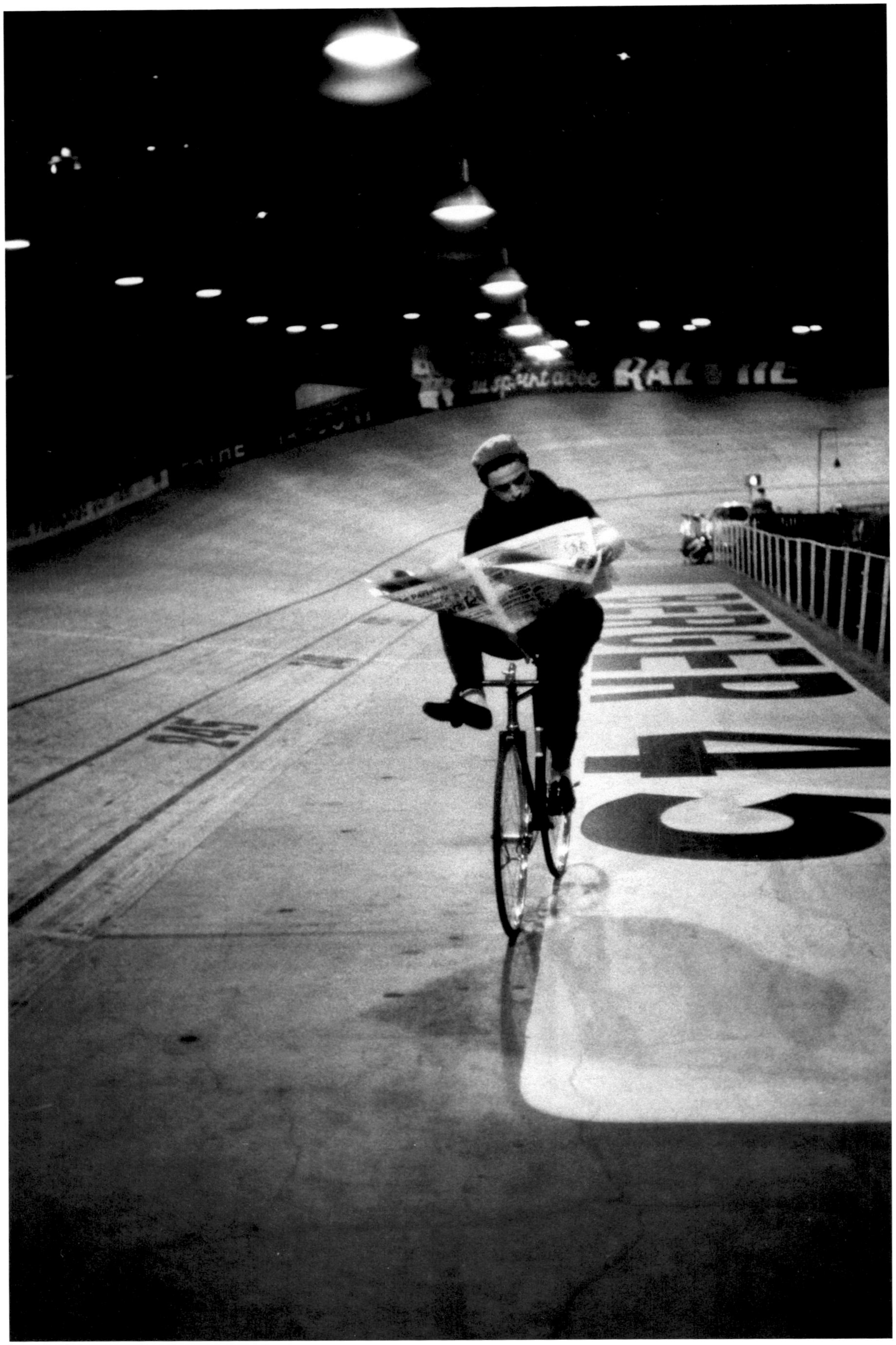

« La prise de vue se situe
à mi-chemin entre le jeu
du pickpocket et
du funambule. Un jeu
perpétuel, doublé
d'une tension énorme. »

"When you take a shot
you're halfway between a
pickpocket and a tightrope
walker. It's a perpetual
game, underscored
by incredible nervous
tension."

↖
Course cycliste
« Les 6 jours de Paris »,
vélodrome d'Hiver, Paris,
France, novembre 1957

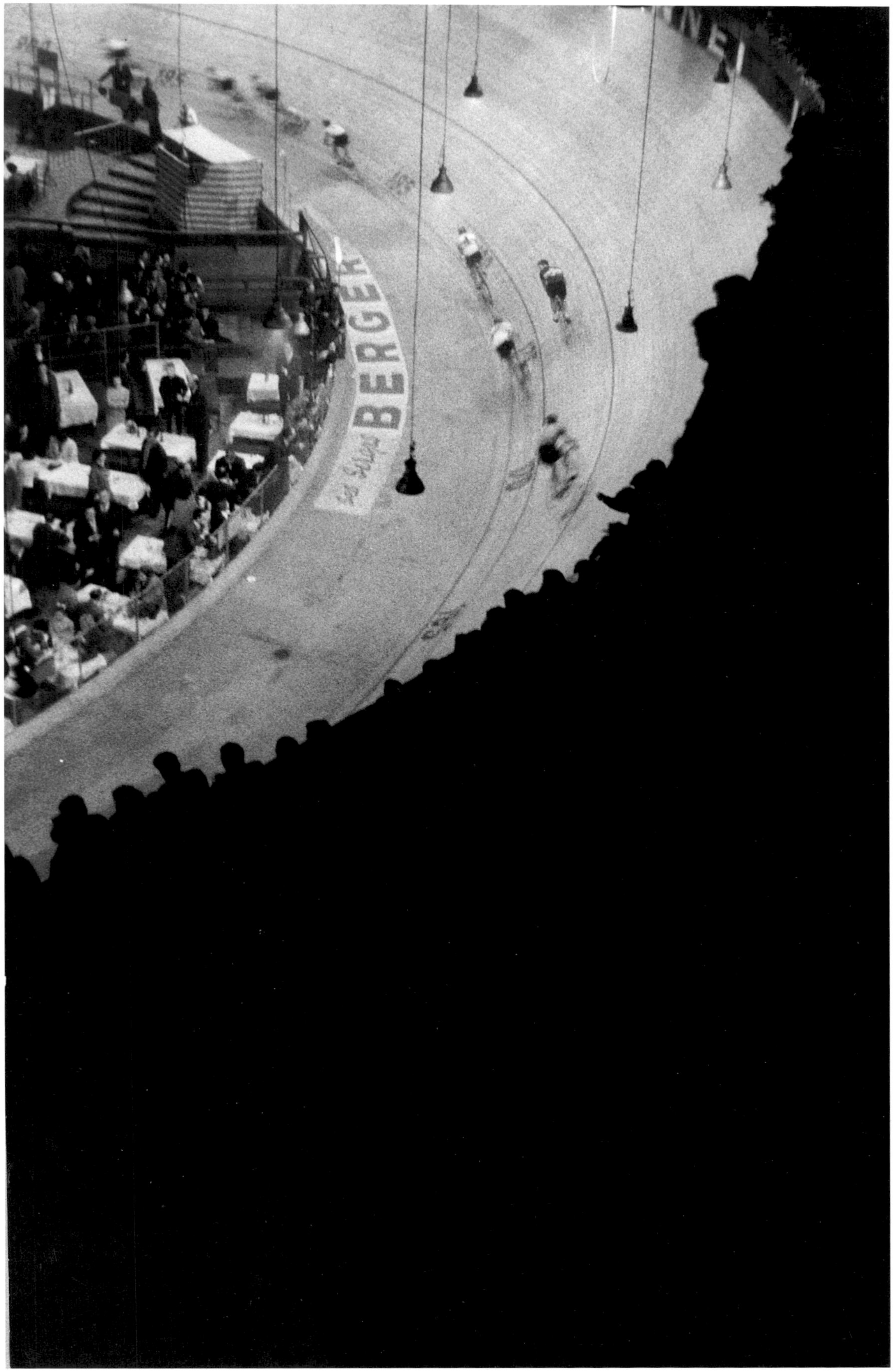

↗
Course cycliste
« Les 6 jours de Paris »,
vélodrome d'Hiver, Paris,
France, novembre 1957

« Là où je me débrouillais le mieux, c'était dans "l'essai photographique" sur une ville ou une région, quand il ne se passe rien de particulier. Je me sens alors tranquille, je peux passer doucement, inaperçu, et flairer puis, hop ! piquer. »

"What I managed best was the 'photographic essay' on a town or region, where nothing special is happening. It relaxed me and allowed me to hover quietly, without being seen, then sniff the air and – bzzz! – sting."

Simiane-la-Rotonde, France, 1969

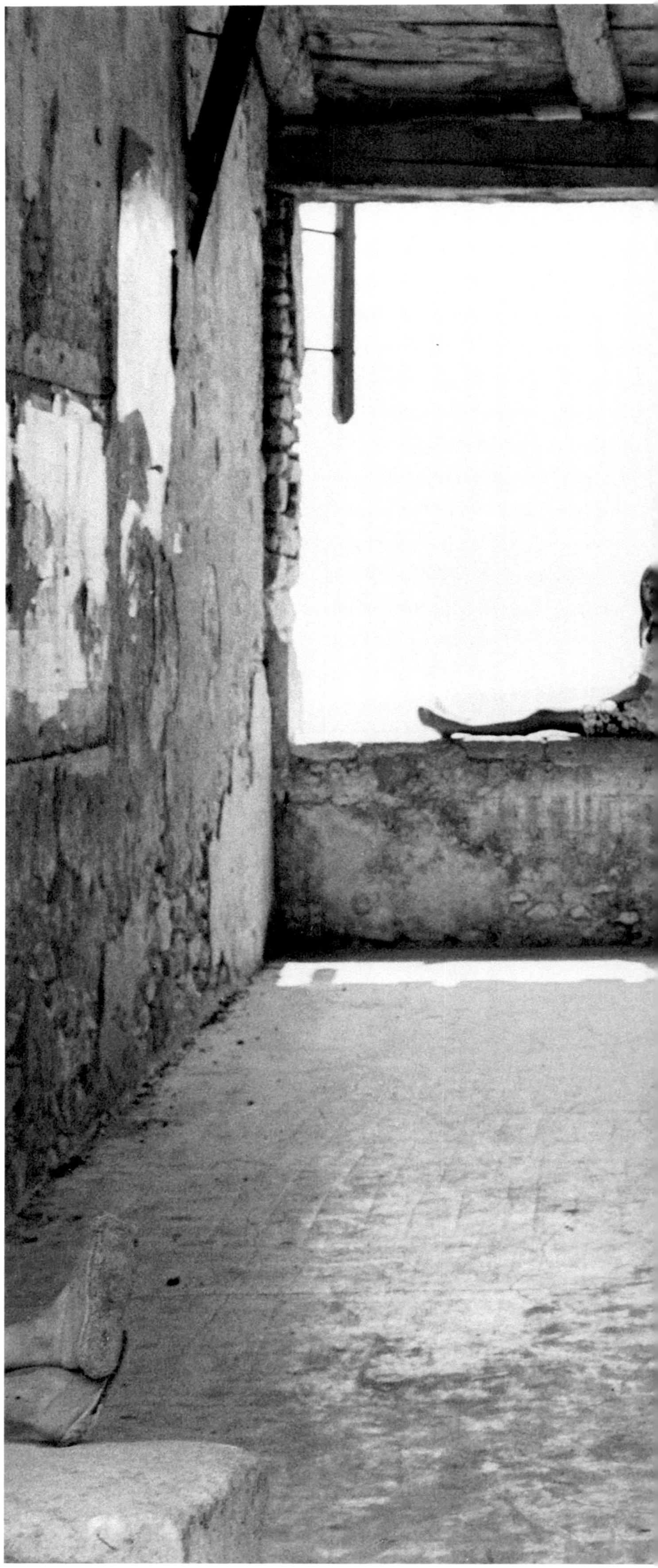

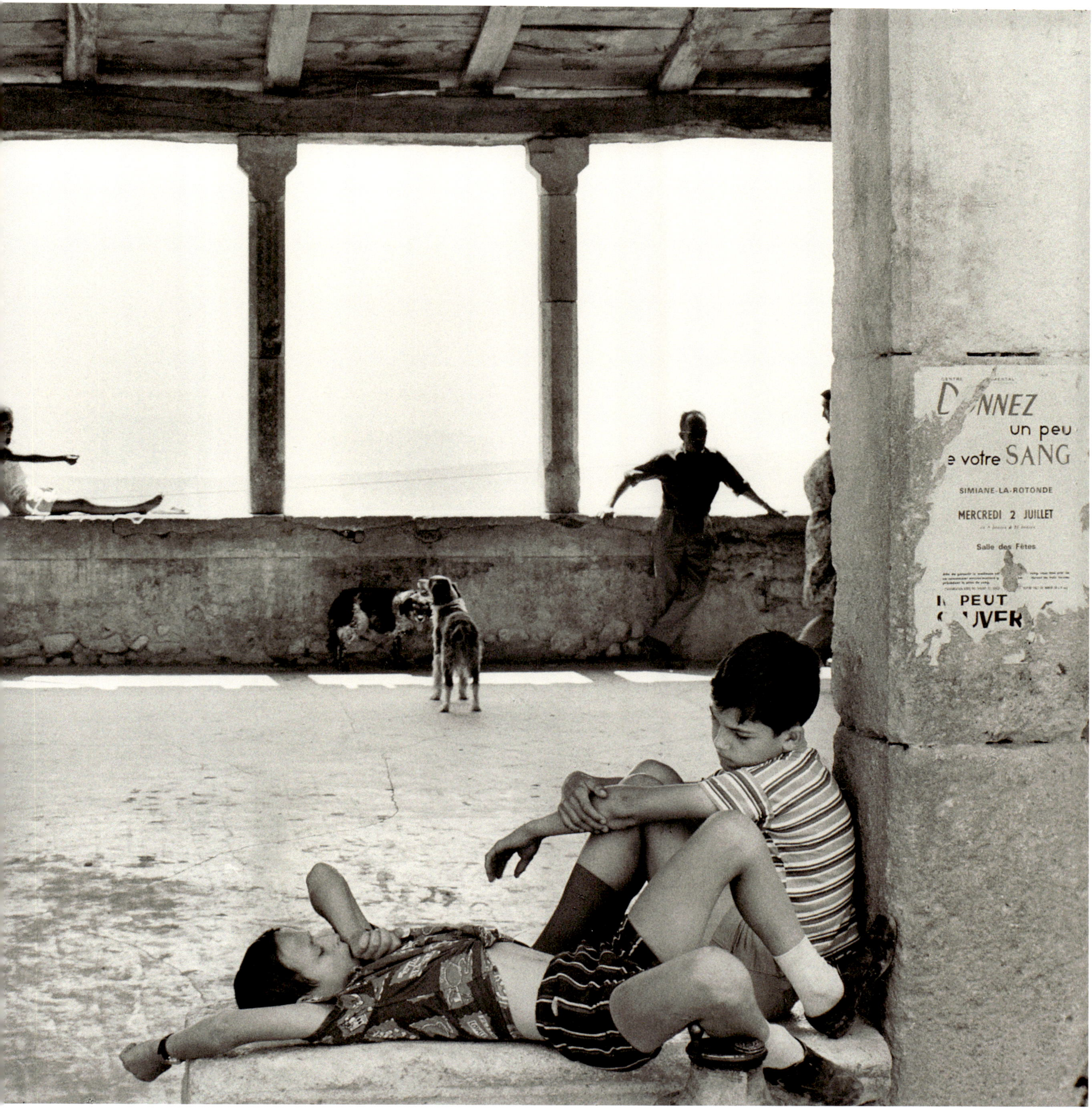
un peu
SANG
SIMIANE-LA-ROTONDE
MERCREDI 2 JUILLET
Salle des Fêtes
PEUT

Anthropologie visuelle

Visual anthropology

Dans chacun des pays qu'il visite à l'occasion de ses reportages, Henri Cartier-Bresson observe et photographie des motifs récurrents ainsi que des attitudes partagées face au bouleversement des sociétés après 1945. Tel un anthropologue, et à rebours du rythme et des contraintes imposées par la presse, il réalise ainsi des enquêtes thématiques et transversales à travers le monde. Celles-ci rappellent ses intérêts et ses obsessions d'avant-guerre : la chorégraphie et le dessin des corps dans les villes ; les rapports entre l'homme et la machine ; la représentation du pouvoir dans l'espace public ; les signes et les acteurs de la société de consommation ; les foules, incarnation de l'esprit révolutionnaire, mais aussi exercice de composition photographique particulièrement stimulant.

In each of the countries he visited in the course of his reportages, Henri Cartier-Bresson observed and photographed recurring motifs and the shared attitudes that had arisen from the post-war social upheavals. Like an anthropologist, running counter to the rhythm and constraints imposed by the press, he carried out thematic, transversal investigations around the globe. These hark back to his pre-war interests and obsessions: the choreography and outline of bodies within cities; the relationship between Man and machines; the depiction of power in the public arena; the signs and key players of the consumer society; and crowds, both the epitome of the revolutionary spirit and a particularly stimulating exercise in photographic composition.

« Cette combinaison de reportage, de philosophie et d'analyse (sociale, psychologique ou autre) est peut-être la forme de photographie la plus contemporaine, dans la mesure où elle s'apparente étroitement à la sobriété et à l'opulente retenue des méthodes de la plupart des arts de notre temps – analogue à bien des égards à l'écriture d'auteurs tels que Sartre ou aux angularités de la chorégraphie moderne. »

"This combining of reportage, philosophy and analysis (social, psychological or otherwise) is perhaps the most contemporary kind of photography, in the sense that it is closely akin to the spare, opulently understated methods of most of the arts of our time – analogous in many ways to the writing of such authors as Sartre or the angularities of the modern ballet."

Oaxaca, Mexique, 1963

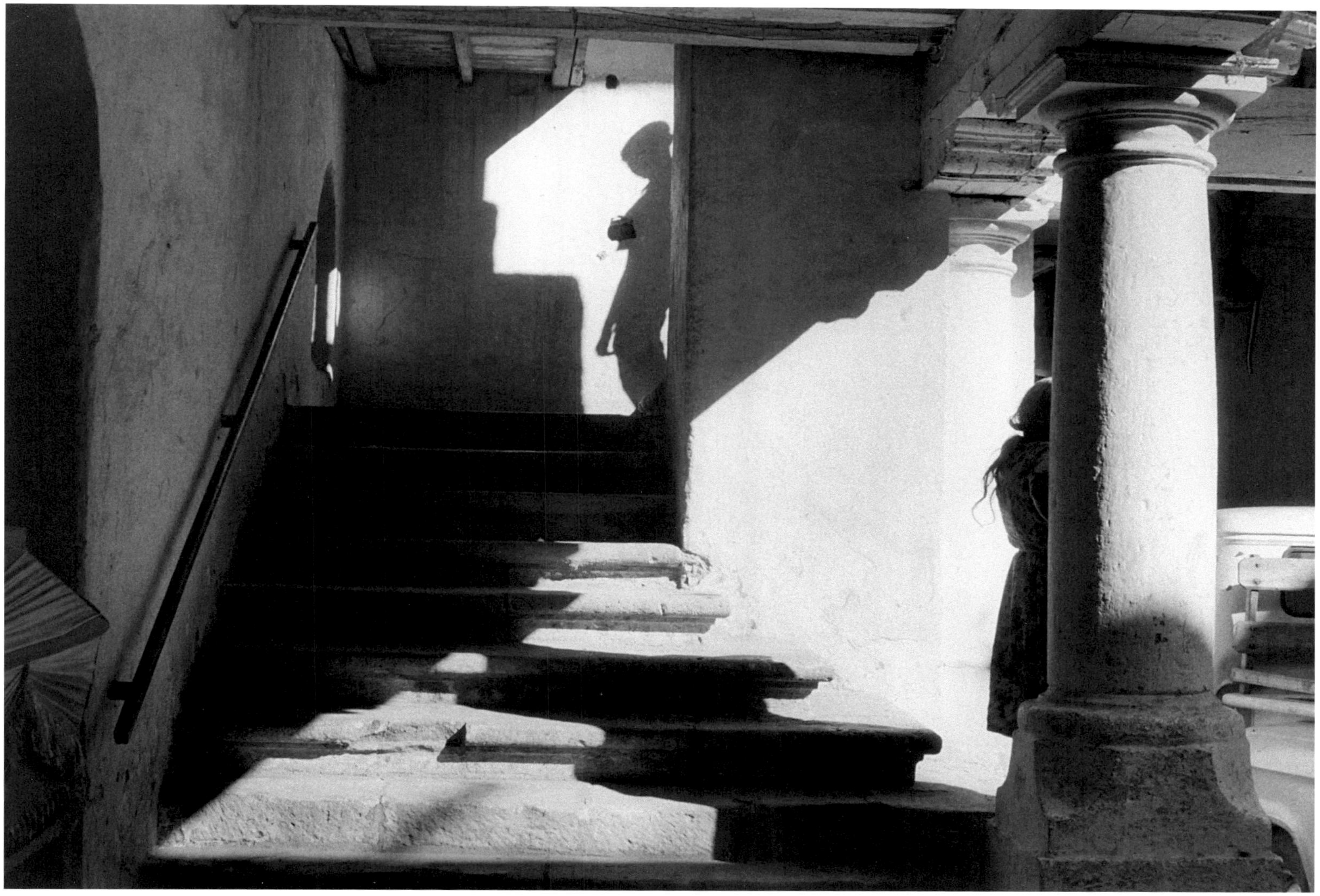

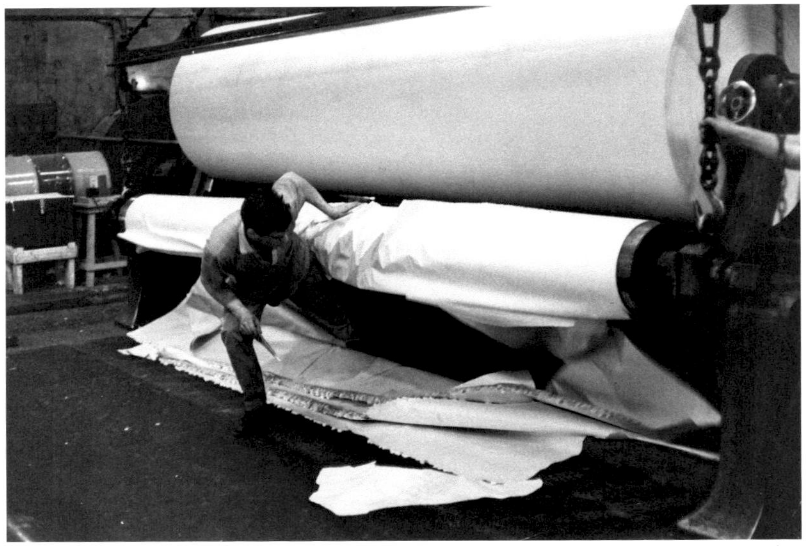

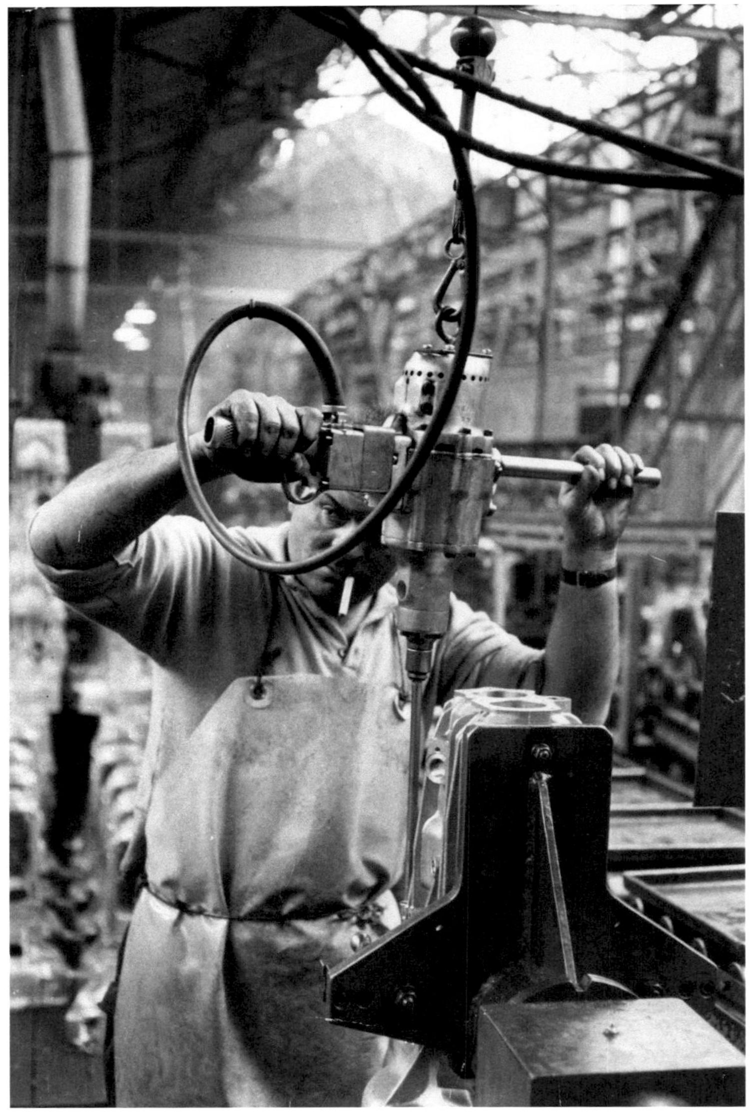

« Je suis visuel.
J'observe, j'observe, j'observe.
C'est par les yeux que je comprends. »

"I am a visual man,
I watch, watch, watch.
I understand things through my eyes."

↖
L'Entreprise Canadian International Paper, Trois-Rivières, Québec, Canada, 1965

←
Usine Citroën, Paris, France, 1959

→
Centre spatial John F. Kennedy, Floride, États-Unis, 1967

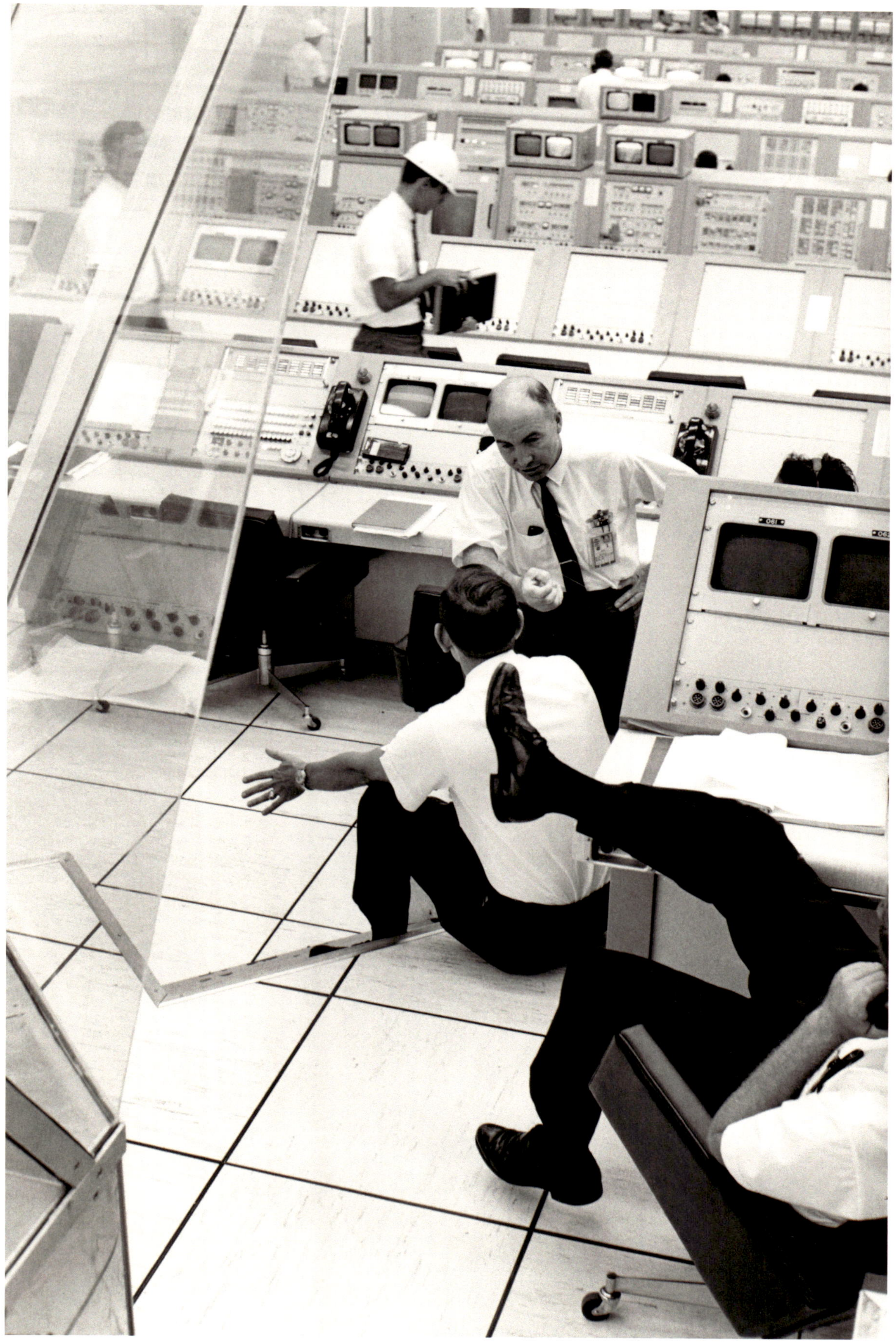

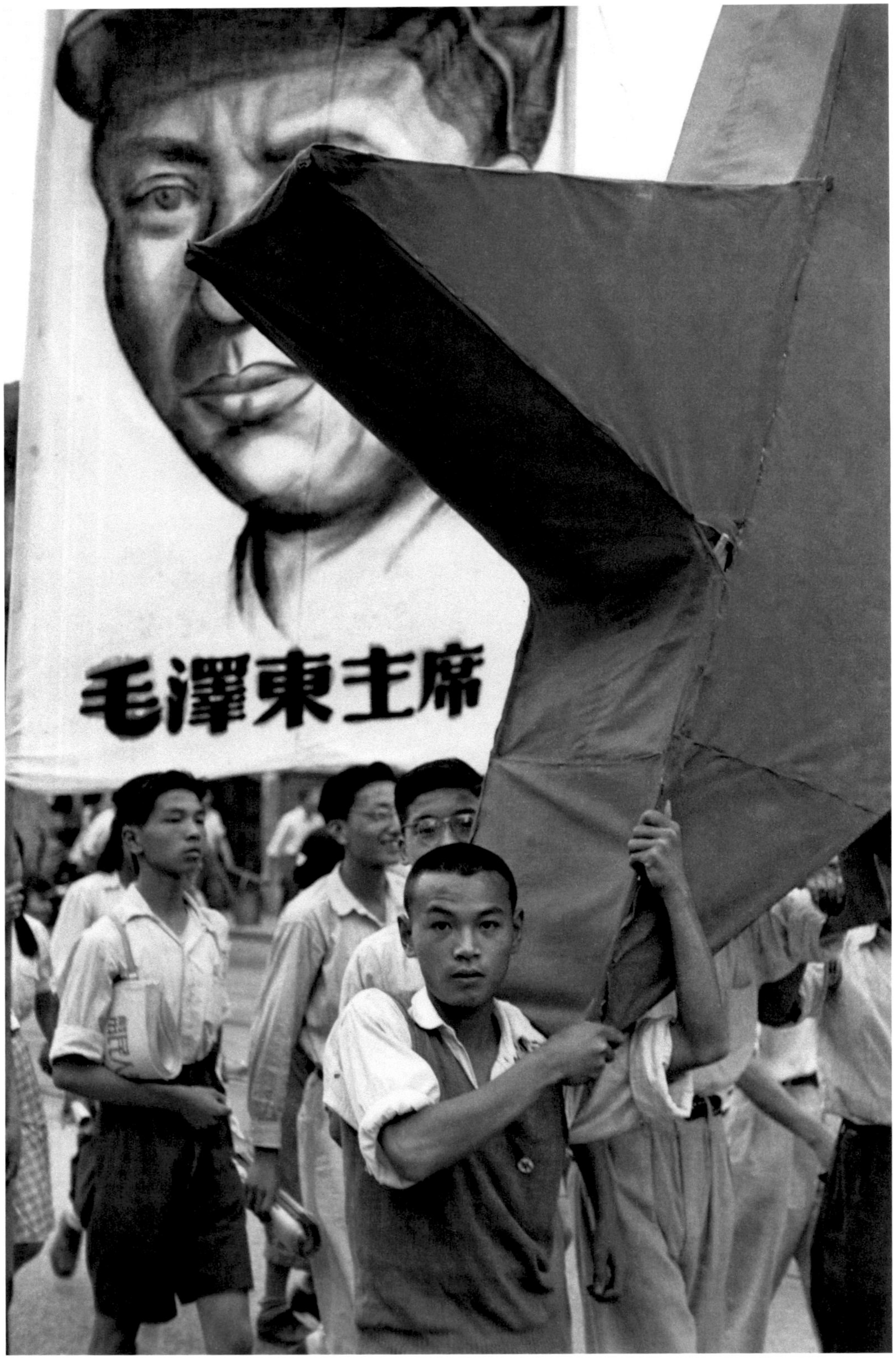

↖
Défilé célébrant la prise de Shanghai par les communistes, Shanghai, Chine, 12 juin 1949

↗
Vladimir, Russie, 1972

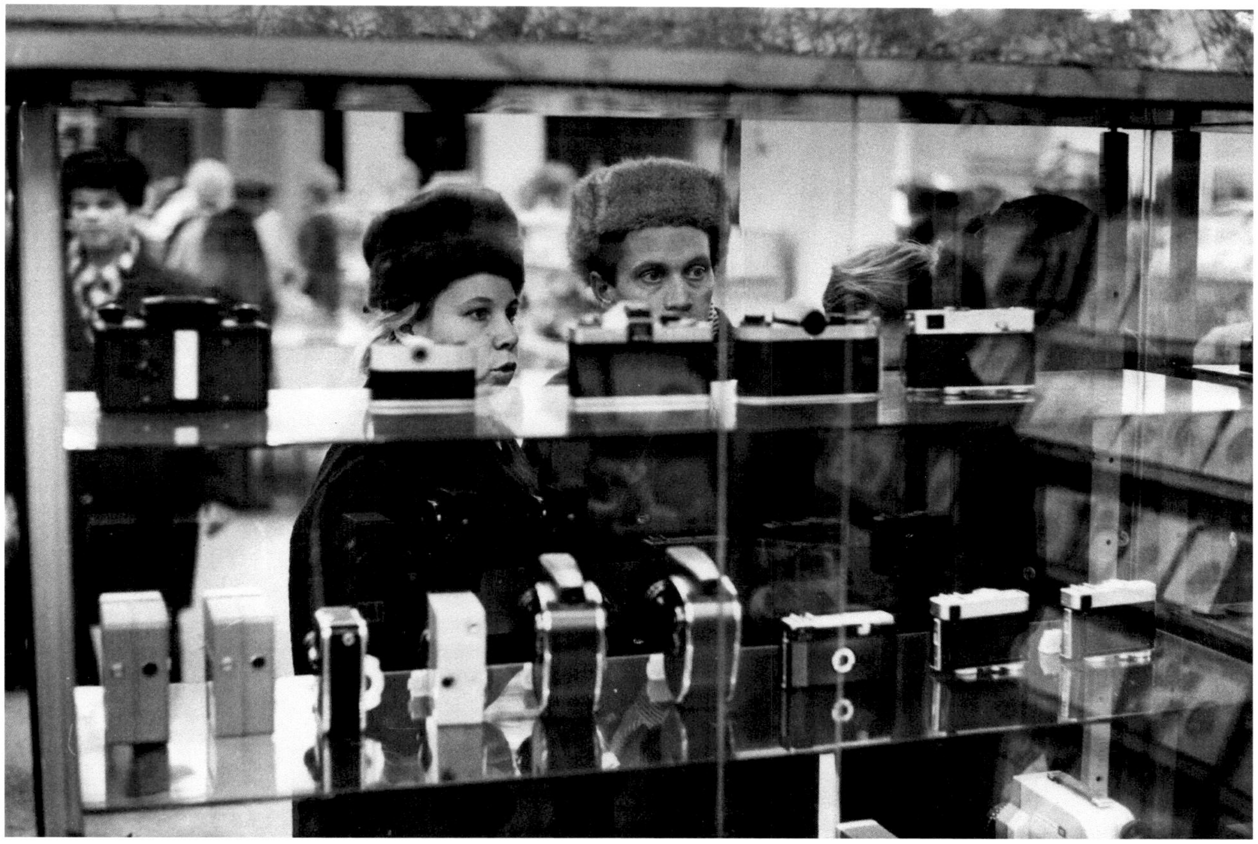

« Pour moi, les grands changements datent de 1955… C'est la victoire de la société de consommation et toutes les conséquences de ce monde exponentiel où la planète est mise à sac. »

"In my view, the major changes date back to 1955… It marked the victory of the consumer society and all its repercussions in this exponential world in which the whole planet is being pillaged."

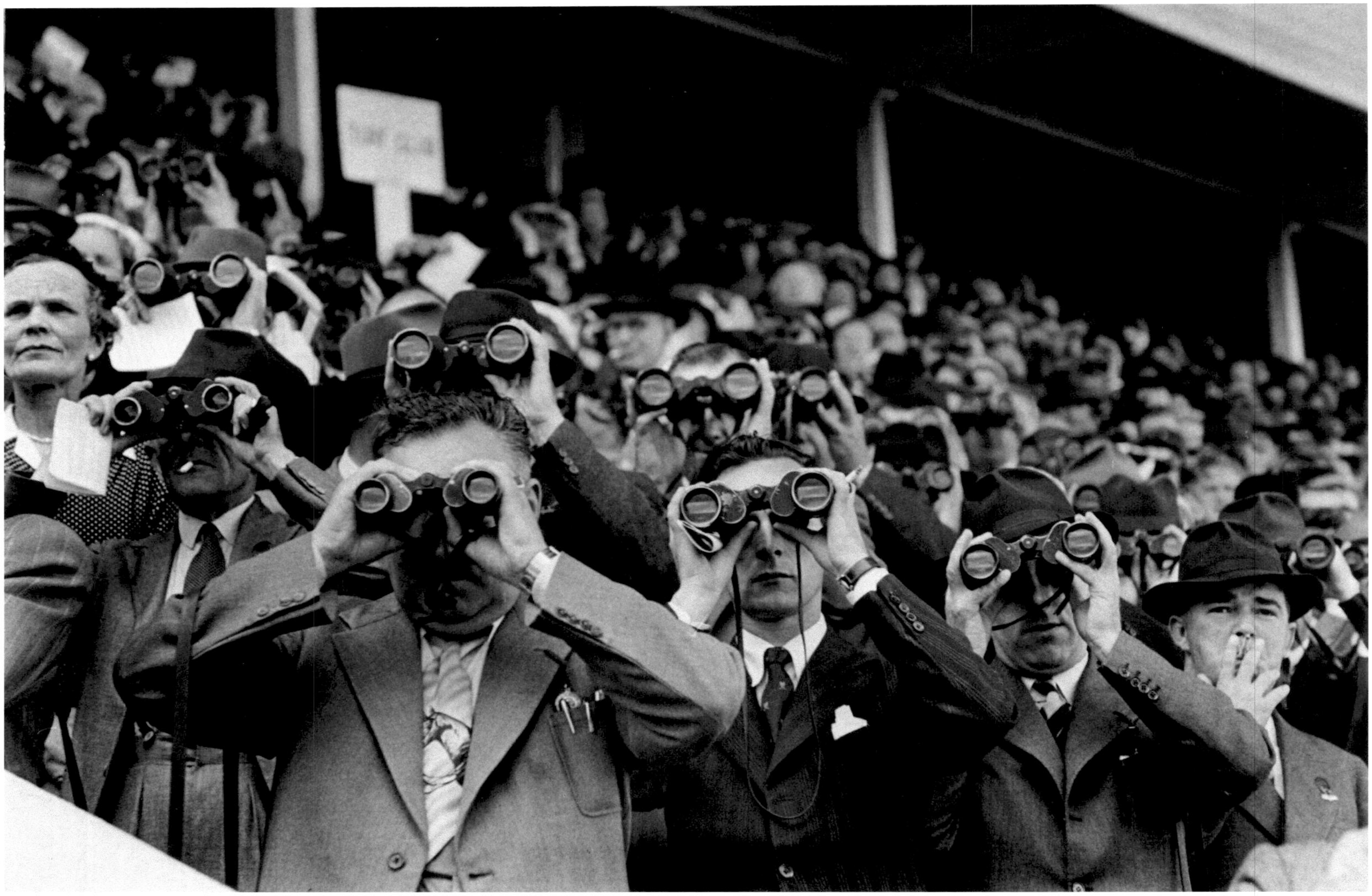

« Les photos me prennent et non l'inverse. »

"The photos take me, not the other way round."

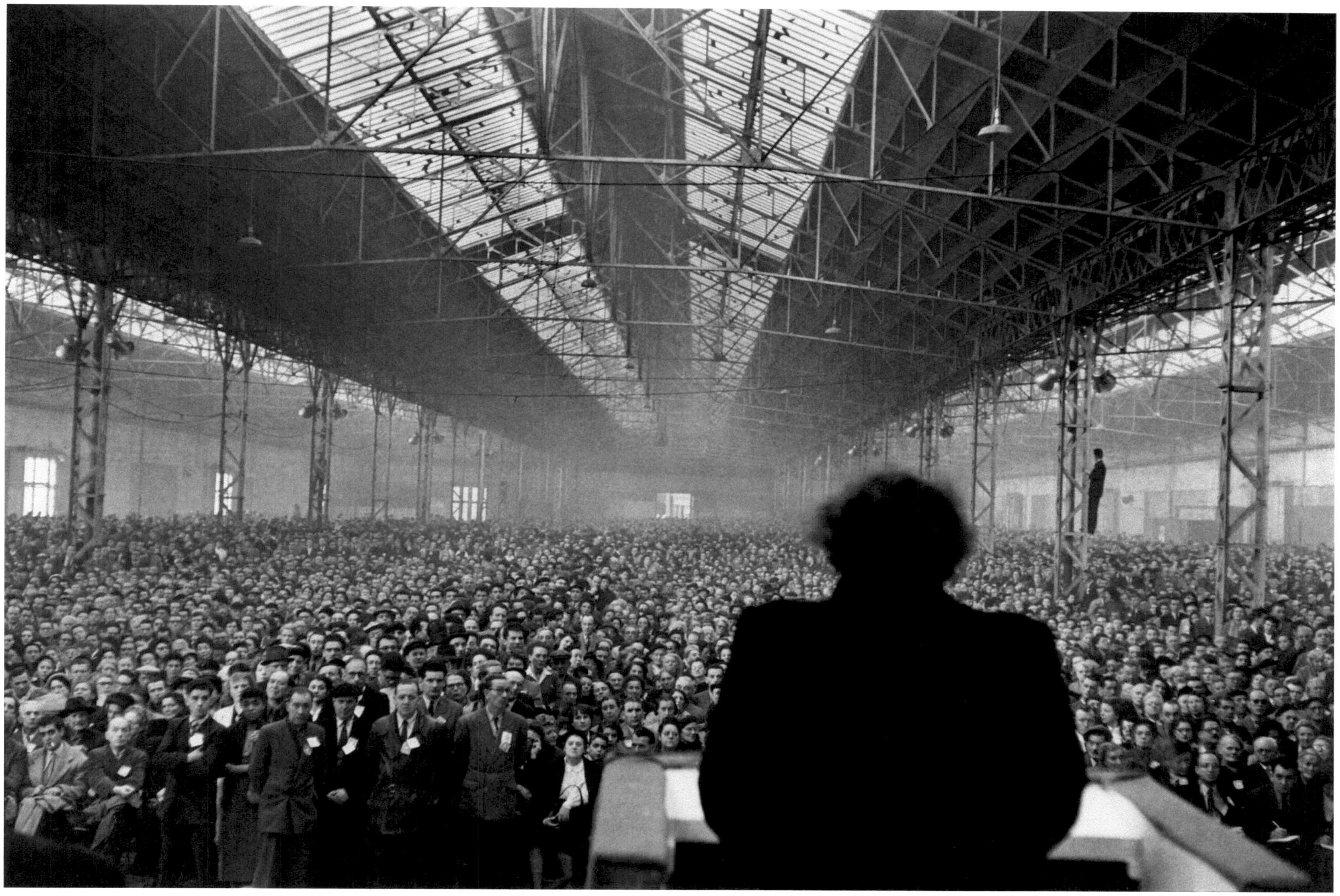

↖
Courses de chevaux, Thurles, Tipperary County, Munster, Irlande, 1952

↗
Meeting politique au parc des Expositions, porte de Versailles, Paris, France, 1953

Après la photographie

After photography

À partir des années 1970, Cartier-Bresson s'éloigne de Magnum et cesse de répondre aux commandes de reportages. S'il ne se départ pas de son Leica, sa pratique devient plus posée, contemplative. Les paysages, portraits de proches ou objets de sa vie intime qu'il fixe alors sur la pellicule photographique ne sont pas sans rappeler l'esprit mutin et poétique de ses premières images. C'est également dans un mouvement de retour aux sources qu'il revient au dessin, croquant sur le motif ou d'après nature. La lenteur et l'observation président à cette dernière période de l'artiste, qui, dans toutes les facettes de sa carrière et par-delà les différents médiums qu'il choisit, rend majestueusement grâce au regard.

Cartier-Bresson gradually moved away from Magnum Photos from the 1970s and began to turn down reportage assignments. He remained firmly attached to his Leica but developed a more serene and contemplative approach. The landscapes, portraits of his nearest and dearest and objects from his private life that he captured during this period were somewhat reminiscent of the teasing, poetic spirit of his early photographs. He also harked back to the past by taking up drawing again, sketching from life or after nature. Observation and a slower pace epitomised the final period of an artist who, in every facet of his career and through all his artistic expressions, paid a lasting and unparalleled tribute to the eye.

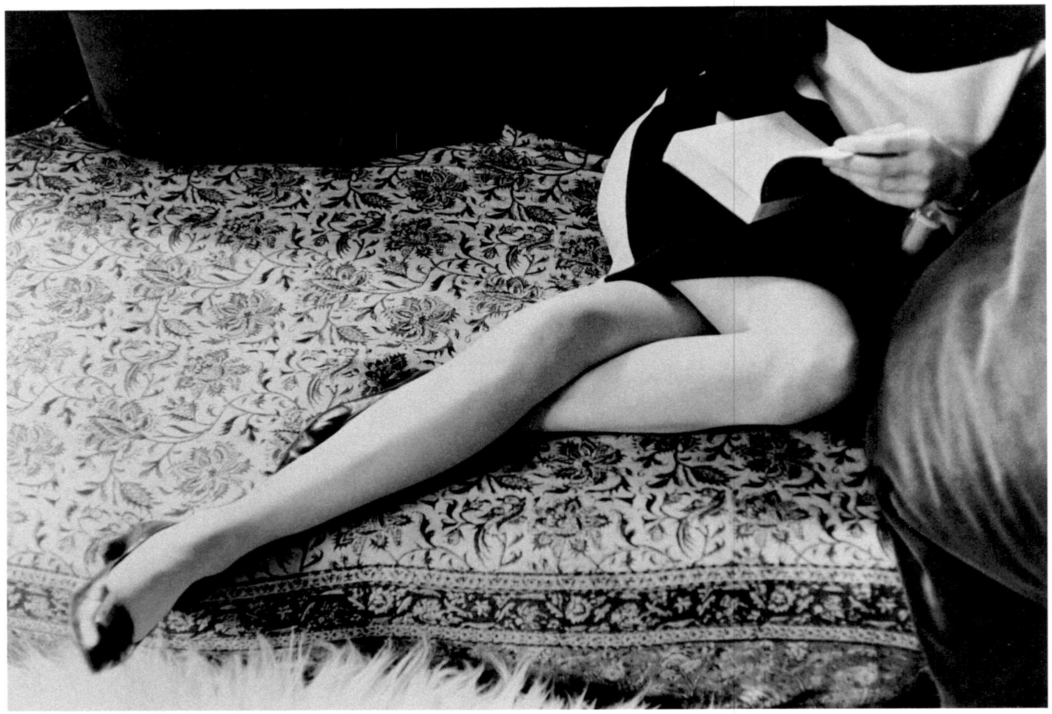

« Ce qui compte dans une photo, c'est sa plénitude et sa simplicité. »

"What counts in a photo is its plenitude and its simplicity."

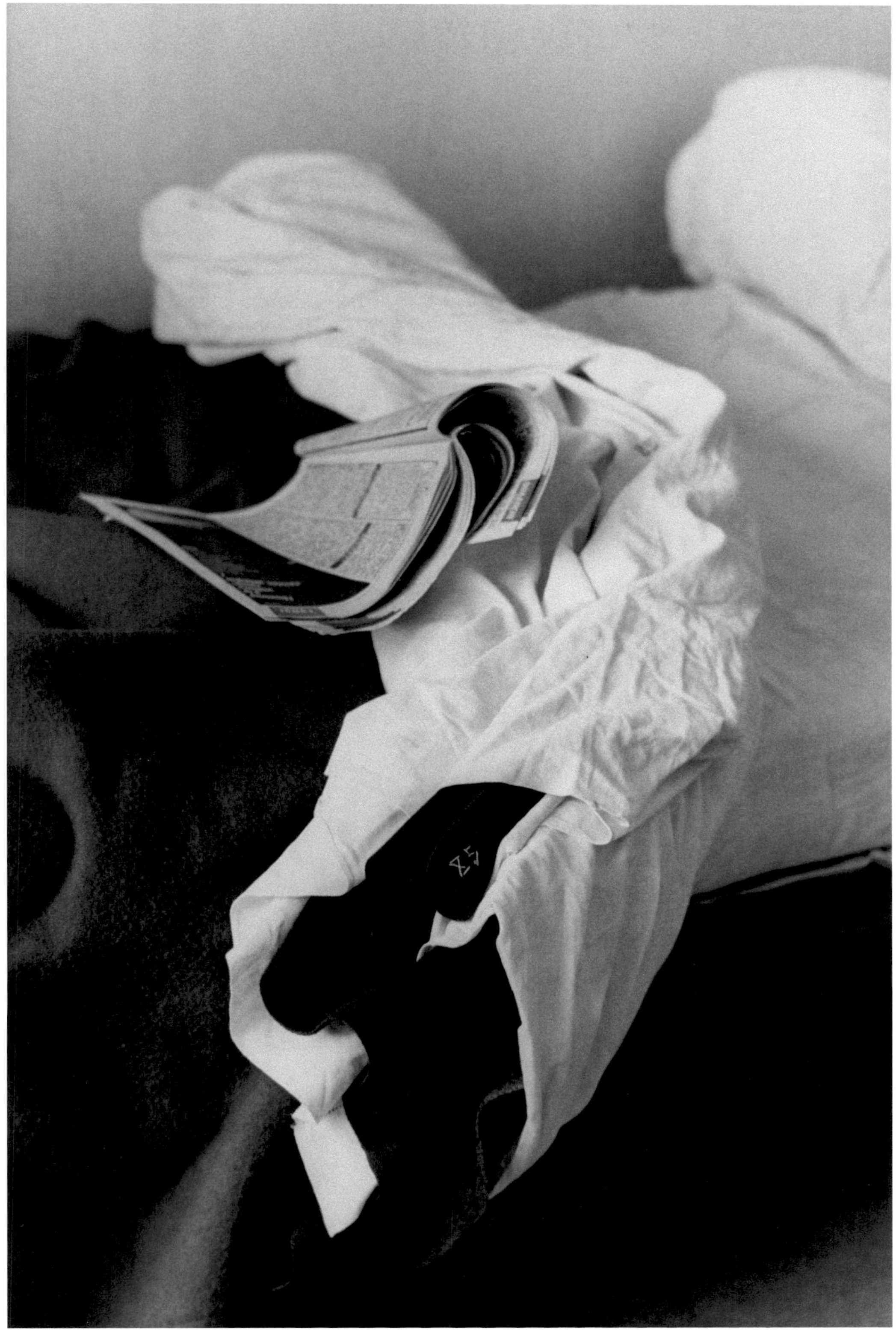

↖
Martine Franck, Paris, France, 1967

↗
Paris, France, 1962

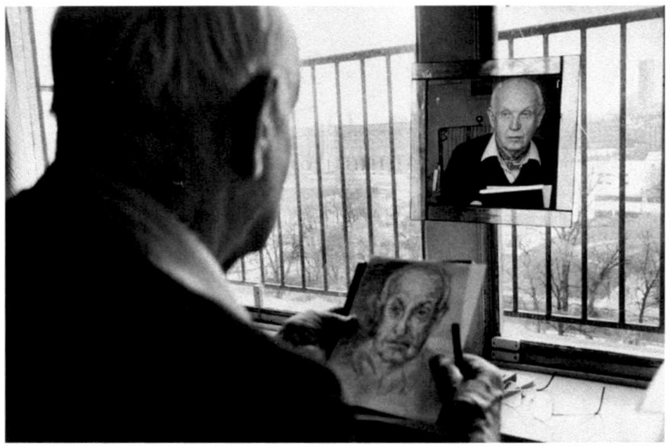

«La photographie, c'est l'action immédiate. Le dessin, c'est la méditation. Dans le premier cas, il s'agit de l'impulsion spontanée d'une attention visuelle perpétuelle. Elle saisit l'instant et son éternité. Dans le second cas, la graphie élabore ce que notre conscience a pu saisir de cet instant.»

"Photography is immediate action. Drawing is meditation. The first involves the spontaneous impetus of perpetual visual acuity. It captures the moment and its eternity. In the second, the graphic form embroiders what our conscience has been able to grasp from that moment."

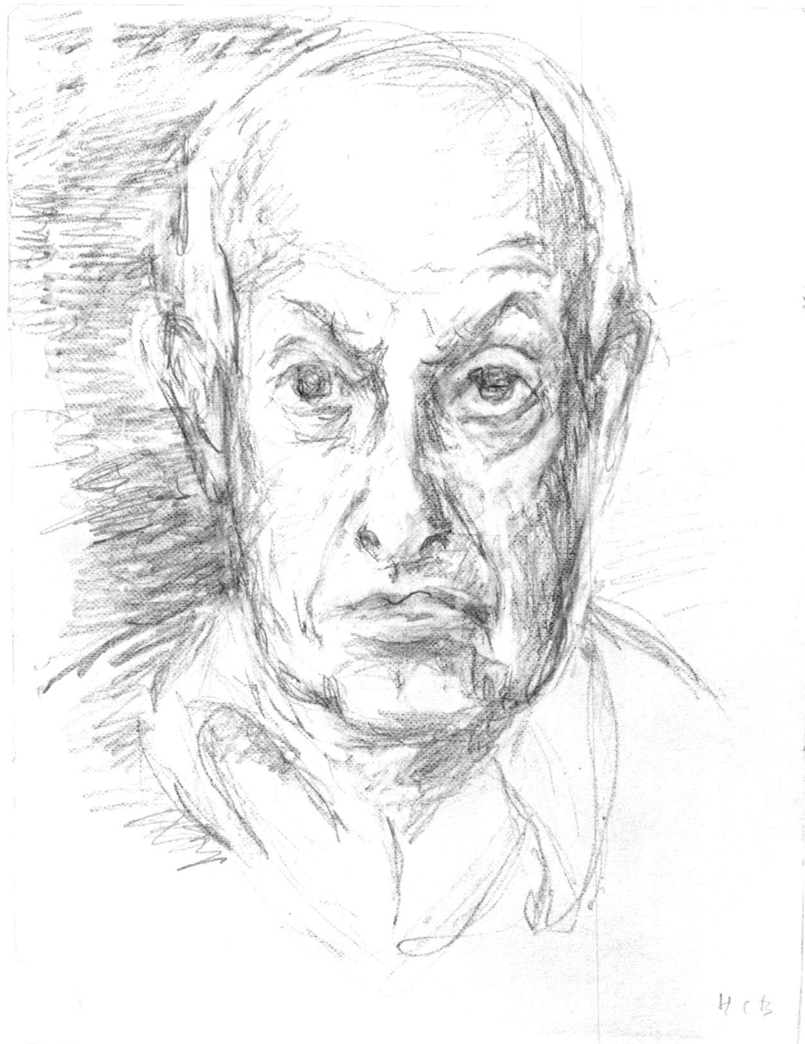

↖
Autoportrait, vers 1992
Crayon sur papier

←
Martine Franck
Henri Cartier-Bresson, Paris, France, 1992

↗
Paris, France, 1980

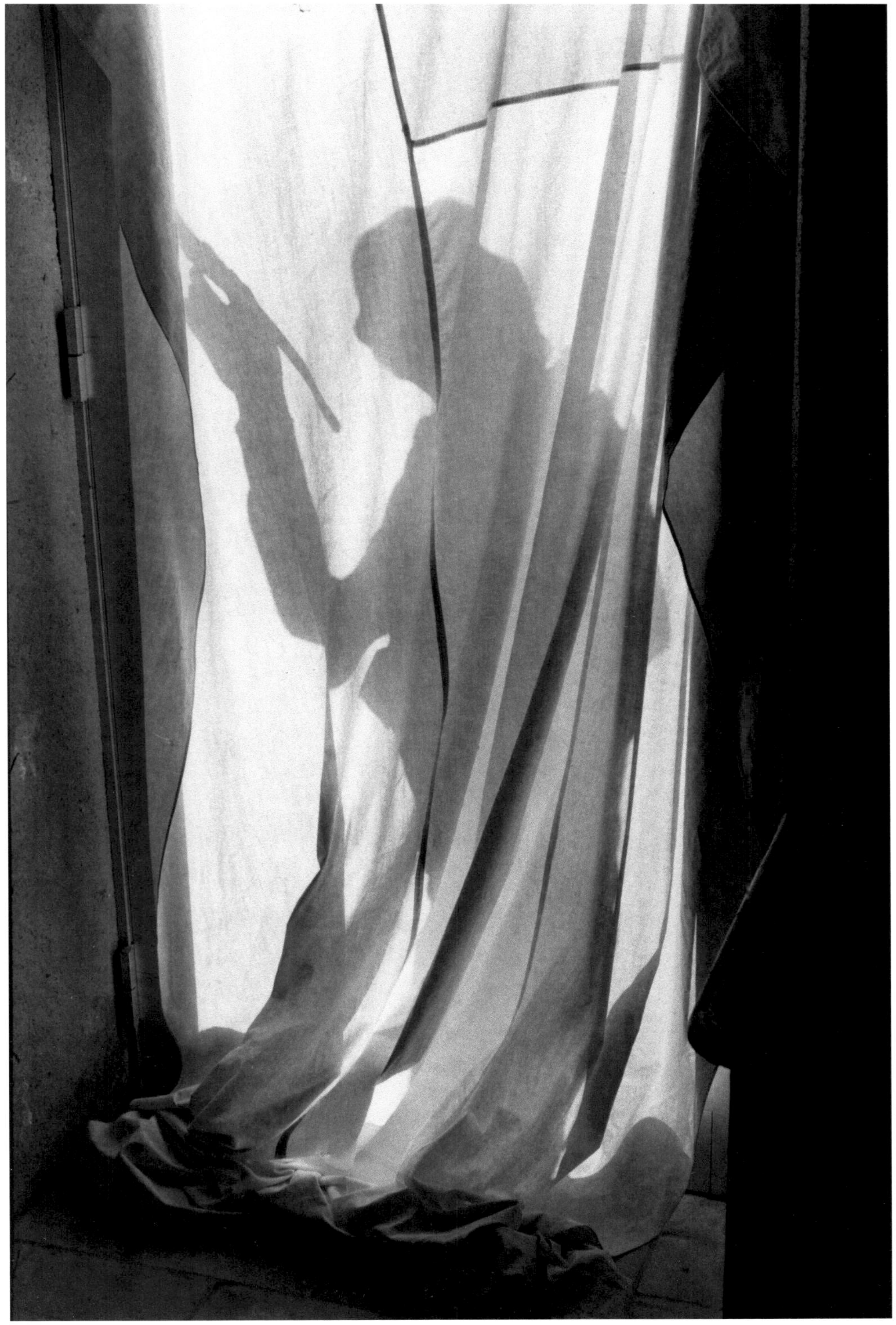

Chronologie

1908 Naissance d'Henri Cartier-Bresson le 22 août 1908 à Chanteloup-en-Brie (Seine-et-Marne) dans une famille de grands industriels du textile.

1926-1928 Vers 1926, René Crevel l'introduit auprès des surréalistes. Il assiste régulièrement aux réunions du groupe dont les membres adhèrent alors au parti communiste. À l'automne, il intègre l'académie du peintre André Lhote, qu'il quitte début 1928.

1929 Il fréquente les Américains Harry et Caresse Crosby, installés en France depuis la fin de la Première Guerre mondiale. Fondateurs des éditions Black Sun Press, ils publient James Joyce, Ernest Hemingway, Ezra Pound, mais aussi Paul Éluard et René Crevel. Chez eux, Cartier-Bresson retrouve André Breton, Max Ernst et Salvador Dalí. Il croise éditeurs, galeristes et collectionneurs américains : Eugene Jolas, Lincoln Kirstein, Monroe Wheeler et Julien Levy, qui vient d'acheter le fonds d'Eugène Atget. Les photographes amateurs Peter et Gretchen Powel l'initient aux innovations formelles de la *Straight Photography* américaine et à celles de la Nouvelle Vision européenne.

1930-1932 En octobre 1930, Cartier-Bresson s'embarque pour l'Afrique et gagne la Côte-d'Ivoire, le Cameroun, le Togo puis le Soudan français. À son retour un an plus tard, il entreprend avec André Pieyre de Mandiargues un voyage en Europe de l'Est, puis, armé de son premier Leica, part en Italie. Charles Peignot publie quelques-unes de ses images dans *Arts et métiers graphiques*.

1933 Il fréquente l'Association des écrivains et artistes révolutionnaires (AEAR) à Paris. Il se rend à Alicante, Barcelone, Tolède, Madrid et au Maroc espagnol. Photographiant pour son propre plaisir, il réalise également ses premiers reportages pour la presse. Fin septembre, le galeriste new-yorkais Julien Levy lui consacre une exposition. Deux mois plus tard, c'est au tour du Club Ateneo à Madrid de présenter ses images.

1934 Il affirme son engagement populaire et militant en signant « Henri Cartier » jusqu'à la fin de la guerre. En juin, il part au Mexique pour un an ; il y côtoie des artistes, écrivains et intellectuels communistes, la plupart proches du Parti national révolutionnaire au pouvoir, tels que Guadalupe Marín, Langston Hughes, Andrés Henestrosa, et Manuel Álvarez Bravo.

1935 En mars, ses photographies sont exposées aux côtés de celles d'Álvarez Bravo au Palacio de Bellas Artes de Mexico. Il rejoint New York le mois suivant pour participer à l'exposition « Documentary and Anti-Graphic Photographs by Cartier-Bresson, Walker Evans & Álvarez Bravo » chez Julien Levy. Il se rapproche alors de Nykino, une coopérative de cinéastes militants ralliée aux idées politiques et esthétiques des Soviétiques. Par leur intermédiaire et grâce à Langston Hughes, il est sensibilisé au mouvement de la Renaissance d'Harlem. En mai-juin, il participe à l'exposition « Documents de la vie sociale », organisée par l'AEAR à la Galerie de La Pléiade à Paris. Il privilégie progressivement le cinéma à la photographie.

1936-1939 Cartier-Bresson rencontre Jean Renoir. Celui-ci l'engage comme assistant sur *La vie est à nous*, film commandé par le parti communiste pour la campagne des élections législatives de mai 1936. Il collabore par la suite aux tournages de *Partie de campagne* (1936) et de *La Règle du jeu* (1939). Il travaille régulièrement pour la presse communiste. En mai 1937, il se marie avec la danseuse indonésienne Carolina Jeanne de Souza-Ijke, dite « Ratna Mohini » ou « Eli ». Membre de la coopérative Ciné-Liberté (la section film de l'AEAR), Cartier-Bresson réalise en 1937 un premier documentaire sur la guerre d'Espagne : *Victoire de la vie*, avec la collaboration de Herbert Kline, Jacques Lemare, Pierre Unik et Laurette Séjourné (Laura Séjour). Suivront deux autres films : *With the Abraham Lincoln Brigade in Spain* (1937) et *L'Espagne vivra* (1938).

1940-1945 Mobilisé, il rejoint l'unité « Film et photographie » de la 3ᵉ armée. Fait prisonnier le 23 juin 1940, il s'évade trois ans plus tard et rejoint avec l'aide d'Aragon un groupe de résistants communistes, futur Mouvement national des prisonniers de guerre et déportés (MNPGD). Il en devient le représentant officiel au sein du Comité de libération du cinéma et est également chargé d'organiser un Comité de libération de la photographie de presse. En 1945, les services américains de l'Office of War Information et le MNPGD lui commandent un film sur le rapatriement des prisonniers (*Le Retour*).

1947 En février, sa première rétrospective ouvre au Museum of Modern Art (MoMA) de New York. Elle est initiée par Monroe Wheeler, qu'il avait rencontré chez les Crosby. Quelques mois plus tard, Cartier-Bresson fonde la coopérative Magnum Photos aux côtés de Robert Capa, George Rodger, David Seymour (Chim) et William Vandivert. Dès lors, ses reportages en noir et blanc ou en couleurs paraissent régulièrement dans *Life*, *Holiday*, *Illustrated*, *Paris Match*… En décembre, il arrive en Inde avec Eli, peu après la Déclaration d'indépendance.

1948-1949 Le 30 janvier 1948, il rencontre Gandhi, quelques heures avant son assassinat. Les photographies qu'il réalise lors des funérailles seront publiées par *Life* et feront le tour du monde. Le 3 décembre, Cartier-Bresson découvre Pékin au moment où l'Armée populaire de libération menée par Mao Zedong est sur le point de renverser le gouvernement nationaliste de Tchang Kaï-chek ; il y reste jusqu'en septembre 1949.

1952 Il publie son premier livre avec Tériade (éditions Verve) : *Images à la sauvette*. La version américaine paraît conjointement aux éditions Simon & Schuster sous le titre *The Decisive Moment*.

1954-1955 *Danses à Bali* paraît chez Robert Delpire, avec un texte d'Antonin Artaud. En juillet 1954, Cartier-Bresson arrive à Moscou. Il est le premier reporter occidental en URSS depuis 1947. L'année suivante, il participe à l'exposition « The Family of Man » organisée par Edward Steichen au MoMA de New York. Le Musée des arts décoratifs de Paris lui consacre une rétrospective. Avec Tériade, il publie *Les Européens* (1955).

1963-1965 Il se rend à Cuba peu de temps après la crise des missiles, puis passe quelques mois au Japon.

1966 Il rencontre la photographe Martine Franck, qu'il épouse en 1970.

1968-1974 Suite aux mutations survenues dans la société française lors des événements de Mai 1968, il entame en octobre un reportage sur ses compatriotes : *Vive la France* sera publié en 1970. À partir de 1974, il abandonne progressivement le reportage pour se consacrer au portrait et au paysage photographique, ainsi qu'à la valorisation de son œuvre. Il se remet au dessin.

1979 L'ouvrage *Henri Cartier-Bresson : Photographe*, publié chez Delpire, accompagne l'exposition itinérante éponyme.

1980 Le Musée d'art moderne de la Ville de Paris présente l'exposition « Henri Cartier-Bresson : 300 photographies de 1927 à 1980 ».

2003 La Bibliothèque nationale de France présente la rétrospective « De qui s'agit-il ? ». La Fondation Henri Cartier-Bresson est créée à Paris.

2004 Henri Cartier-Bresson s'éteint le 3 août à Montjustin, en Provence.

Chronology

1908 Henri Cartier-Bresson is born on 22nd August at Chanteloup-en-Brie (France), into a family of leading textile manufacturers.

1926-1928 Around 1926, he is introduced to the Surrealists by René Crevel. He attends their meetings on a regular basis, at a time when most of them have joined the Communist party. From the autumn of 1926, until early 1928, he learns painting at the academy run by André Lhote.

1929 He befriends an American couple, Caresse and Harry Crosby, who have been living in France since the end of the First World War. As founders of the Black Sun Press, they have published James Joyce, Ernest Hemingway and Ezra Pound, not to mention Paul Éluard and René Crevel. At the Crosbys, Cartier-Bresson meets up again with André Breton, Max Ernst and Salvador Dalí. He also gets to know American publishers, gallery owners and collectors such as Eugene Jolas, Lincoln Kirstein, Monroe Wheeler and Julien Levy, who has recently purchased the Eugène Atget collection. Amateur photographers Gretchen and Peter Powel introduce him to the formal innovations of American Straight Photography and the New Vision of Photography in Europe.

1930-1932 In October 1930, Cartier-Bresson embarks on a trip to Africa. From the Ivory Coast, he goes on to Cameroon, Togo and French Sudan.
On his return a year later, he sets off for Eastern Europe with André Pieyre de Mandiargues and then travels to Italy, brandishing his first Leica.
Charles Peignot publishes a number of his photographs in *Arts et métiers graphiques*.

1933 He frequents the Association des écrivains et artistes révolutionnaires (AEAR) in Paris. He travels to Alicante, Barcelona, Toledo, Madrid and Spanish Morocco. He carries out his first press reportages, while also taking photographs for pleasure. In late September, New York gallery owner Julien Levy devotes an exhibition to him. Two months later, it is the turn of the Club Ateneo in Madrid to present his photographs.

1934 He signs his work "Henri Cartier" until the end of the war, to prove his commitment to popular and militant causes. In June, he leaves for a year in Mexico, where he meets Communist artists, writers and intellectuals, such as Guadalupe Marín, Langston Hughes, Andrés Henestrosa and Manuel Álvarez Bravo, most of whom are close to the National Revolutionary Party in power.

1935 In March, his photographs are exhibited next to those of Álvarez Bravo at the Palacio de Bellas Artes in Mexico.
The following month, he moves on to New York to take part in the exhibition "Documentary and Anti-Graphic Photographs by Cartier-Bresson, Walker Evans & Álvarez Bravo" at the Julien Levy gallery.
There, he becomes involved with Nykino, a cooperative of militant filmmakers who adhere to Soviet political and aesthetic ideas. Through them and Langston Hughes, he becomes attuned to the Harlem Renaissance movement. In May-June, he takes part in the exhibition "Documents de la vie sociale" organised by the AEAR at the Galerie de la Pléiade in Paris. His filmmaking gradually takes precedence over photography.

1936-1939 Cartier-Bresson meets Jean Renoir, who offers him a job as assistant on *Life Belongs to Us*, a film commissioned by the Communist party for the May 1936 legislative election campaign.
He also works on Renoir's *A Day in the Country* (1936) and *The Rules of the Game* (1939).
He makes regular contributions to the Communist press.
In May 1937, he marries Indonesian dancer Carolina Jeanne de Souza-Ijke, also known as "Ratna Mohini" or "Eli".
As a member of the Ciné-Liberté cooperative (the film department of the AEAR), Cartier-Bresson directs his first documentary on the Spanish Civil War in 1937, entitled *Victoire de la vie*, in collaboration with Herbert Kline, Jacques Lemare, Pierre Unik and Laurette Séjourné (Laura Séjour). This is followed by two other films, *With the Abraham Lincoln Brigade in Spain* (1937) and *L'Espagne vivra* (1938).

1940-1945 He is called up and joins the "Film and Photography" unit of the 3rd army. Made prisoner on 23rd June 1940, he escapes three years later and with the help of Aragon joins a group of Communist Resistants, future founders of the Mouvement national des prisonniers de guerre et déportés (MNPGD). Cartier-Bresson becomes the official representative of the Comité de libération du cinéma and is also appointed to set up a Comité de libération de la photographie de presse.
In 1945, he is commissioned by the American services of the Office of War Information and the MNPGD to make a film on the repatriation of prisoners (*The Return*).

1947 In February, his first retrospective opens at the New York Museum of Modern Art (MoMA), at the instigation of Monroe Wheeler, whom he had met through the Crosbys.
A few months later, he launches the cooperative Magnum Photos, together with Robert Capa, George Rodger, David Seymour (Chim) and William Vandivert.
From then on, his reportages in black and white or in colour are regularly featured in *Life*, *Holiday*, *Illustrated* and *Paris Match*, among others.
In December, he arrives in India with Eli, shortly after the country's Declaration of Independence.

1948-1949 On 30th January 1948, he meets Gandhi, only hours before his assassination. His photographs of the funeral are published in *Life* and are seen all over the world.
On 3rd December, Cartier-Bresson makes his first visit to Peking, just as the Popular Liberation Army led by Mao Zedong is about to overturn the nationalist government of Chiang Kai-Shek. He remains there until September 1949.

1952 Tériade, head of the Éditions Verve, publishes his first book, *Images à la sauvette*.
The American version, published by Simon & Schuster, appears simultaneously under the title *The Decisive Moment*.

1954-1955 Robert Delpire publishes *Danses à Bali*, featuring a text by Antonin Artaud. In July 1954, Cartier-Bresson arrives in Moscow, the first Western reporter to set foot in the USSR since 1947.
The following year he takes part in the exhibition "The Family of Man", organised by Edward Steichen at MoMA in New York. The Musée des arts décoratifs de Paris devotes a retrospective to him.
Tériade publishes his book *Les Européens* (1955).

1963-1965 He travels to Cuba shortly after the Missile Crisis and then spends a few months in Japan.

1966 He meets fellow-photographer Martine Franck, whom he marries in 1970.

1968-1974 In the wake of the sea-change in French society caused by the May 1968 uprising, he begins a reportage on his compatriots: *Vive la France* is published in 1970.
After 1974, he gradually turns away from reportage to photographic portraits and landscapes, while concentrating on the enhancement of his œuvre. He takes up drawing again.

1979 *Henri Cartier-Bresson: Photographe*, is published by Delpire to coincide with the eponymous travelling exhibition.

1980 The Musée d'art moderne de la Ville de Paris holds an exhibition entitled "Henri Cartier-Bresson: 300 photographies de 1927 à 1980".

2003 The Bibliothèque nationale de France presents the retrospective "De qui s'agit-il ?". The Fondation Henri Cartier-Bresson opens in Paris.

2004 Henri Cartier-Bresson dies on 3rd August in Montjustin in Provence.

Centre national d'art et de culture Georges Pompidou

Le Centre national d'art et de culture Georges Pompidou est un établissement public national placé sous la tutelle du ministère chargé de la culture (loi n° 75-1 du 3 janvier 1975).
The Centre National d'Art et de Culture Georges Pompidou is a national public establishment under the supervision of the Ministry of Culture (Law 75-1, 3 January 1975).

Alain Seban
Président/Chairman, Director & CEO

Agnès Saal
Directrice générale/Director General

Alfred Pacquement
Directeur/Director
Musée national d'art moderne – Centre de création industrielle (2000-2013)

Bernard Blistène
Directeur/Director
Département du développement culturel

Jack Lang
Président/President
Association pour le développement du Centre Pompidou

Jacques Boissonnas
Président/President
Société des Amis du Musée national d'art moderne

Avec le soutien de

Grand mécène

Collections/Collections

Sauf mention contraire, toutes les œuvres reproduites dans cet album sont des épreuves gélatino-argentiques d'Henri Cartier-Bresson. Elles appartiennent à la Fondation Henri Cartier-Bresson, Paris, à l'exception des suivantes/Unless otherwise stated, all the works reproduced in the present album are silver gelatin prints by Henri Cartier-Bresson. With the following exceptions, they all belong to the Collections of the Fondation Henri Cartier-Bresson in Paris:
The Museum of Modern Art, Thomas Walther Collection, Purchase, New York: p. 3
The Museum of Modern Art, Gift of Paul F. Walter, New York: p. 22
The Museum of Modern Art, Gift of the photographer, New York: p. 26, 40, 55
Bibliothèque nationale de France, Paris: p. 19, 27
Collection particulière, Paris: p. 20 en haut
The Art Institute of Chicago, Julien Levy Collection, Gift of Jean and Julien Levy, Chicago: p. 24 (en haut à droite)
Collection Ciné-Archives, fonds audiovisuel du PCF – Mouvement ouvrier & démocratique – Photogrammes réalisés à partir de la copie du film restauré par les Archives du film du CNC – Ministère de la Culture: p. 30 (les trois photogrammes)
Centre Pompidou, Musée national d'art moderne, Paris: p. 41
Collection Eric et Louise Franck, Londres: p. 54

Références des citations/References of the quotes

Les citations reproduites dans le présent album sont toutes d'Henri Cartier-Bresson. Sauf mention contraire, elles ont toutes été traduites du français vers l'anglais par Caroline Taylor-Bouché/All the quotations reproduced in the present album are by Henri Cartier-Bresson. Unless otherwise stated, they have all been translated from French into English by Caroline Taylor-Bouché.
P. 4: « Henri Cartier-Bresson. Ma lutte avec le temps », entretien avec Jean-Jacques Lévêque, *Les Nouvelles littéraires*, n° 2249, 20 octobre 1970, p. 11. • **P. 6**: H. Cartier-Bresson, « C'est très difficile, la photographie », entretien avec Richard Leo « Dick » Simon (vers 1952), document tapuscrit annoté (archives de Richard L. Simon, Columbia University Rare Book and Manuscript Library, New York). Trad. française par Jean-François Cornu dans H. Cartier-Bresson, *« Voir est un tout ». Entretiens et conversations (1951-1998)*, Clément Chéroux et Julie Jones (éds.), Paris, Éditions du Centre Pompidou, 2014, p. 14. • **P. 10**: H. Cartier-Bresson, *Images à la sauvette*, Paris, Verve/New York, Simon & Schuster, 1952, n. p. Version anglaise: *The Decisive Moment*, New York, Simon & Schuster, 1952. • **P. 13**: « "Le dur plaisir" de Henri Cartier-Bresson », entretien avec Yvonne Baby, *L'Express*, n° 524, 29 juin 1961, p. 34; publié en anglais sous le titre: "Henri Cartier-Bresson on the Art of photography" dans *Harper's Magazine*, vol. 223, n° 1338, November 1961, p. 76. • **P. 15 ET 25**: « Un reporter... Henri Cartier-Bresson. Interview de Daniel Masclet du Groupe des XV », *Photo-France*, n° 7, mai 1951, p. 28, 33. • **P. 16, 21 ET 56**: « Henri Cartier-Bresson », entretien avec Pierre Assouline, *Lire*, n° 226-227, juillet-août 1994, p. 33, 34 et 35. • **P. 19**: « L'univers noir et blanc d'Henri Cartier-Bresson », *Photo*, n° 15, 1er décembre 1968, p. 95, 97. • **P. 23**: « Les érotiques de Cartier-Bresson », entretien avec Yves Bourde, *Photo*, n° 57, juin 1972, p. 126. • **P. 30**: Entretien audio d'H. Cartier-Bresson avec Alain Desvergnes diffusé pendant les Rencontres d'Arles, juillet 1979, publié dans H. Cartier-Bresson, *« Voir est un tout »*, *op. cit.*, p. 78. • **P. 34**: « Rencontre avec Henri Cartier-Bresson. La photographie comme tir à l'arc. Le dessin comme gant de crin », entretien avec Hervé Guibert, *Le Monde*, n° 11119, 30 octobre 1980, p. 17. • **P. 37**: H. Cartier-Bresson, « Interview muet », texte de présentation d'une exposition à la Galerie Agathe Gaillard, novembre 1983. • **P. 40**: « Henri Cartier-Bresson: Interview by Sheila Turner-Seed », *Popular Photography*, vol. 74, n° 5, mai 1974, p. 142. Trad. française par J.-F. Cornu dans H. Cartier-Bresson, *« Voir est un tout »*, *op. cit.*, p. 57. • **P. 42 ET 44**: « Henri Cartier-Bresson, Gilles Mora: conversation », *Les Cahiers de la photographie*, n° 18, 1986, p. 119, 123. • **P. 46**: H. Cartier-Bresson dans « One-Man Shows Are Best », *Infinity*, décembre 1959, p. 13 (citation traduite de l'anglais par J.-F. Cornu). • **P. 48**: « An Island of Pleasure Gone Adrift », *Life*, 15 mars 1963, p. 42; repris en français dans id., *L'Imaginaire d'après nature*, Saint-Clément-de-Rivière, Fata Morgana, 1996, p. 54. • **P. 51**: « Cartier-Bresson: "Photographier n'est rien, regarder c'est tout!" », entretien avec Philippe Boegner, *Le Figaro magazine*, n° 13843, 25 février 1989, p. 106. • **P. 52**: « Un aristocrate de la photo, Henri Cartier-Bresson, regarde vivre les Français », entretien avec Jean Bothorel, *La Vie catholique*, n° 1319, 18-24 novembre 1970, p. 31. • **P. 54**: « La vie Henri », entretien avec John Berger, *The Sunday Times*, 29 mai 1994, p. 40 (citation traduite de l'anglais par J.-F. Cornu).

Exposition/Exhibition

Commissaire/Curator
Clément Chéroux

Chargées de recherche et de documentation/Research and documentation
Julie Jones (Centre Pompidou)
Aude Raimbault (Fondation Henri Cartier-Bresson)

Chargée de production/Production
Sara Renaud

Architecte-scénographe/Architect and Scenographer
Laurence Fontaine

Régisseur des œuvres/Registrar
Liliana Dragasev

Chargée de production audiovisuelle/Audiovisual Production
Murielle Dos Santos

Photographe/Photographer
Philippe Migeat

Album/Album

Album réalisé à l'occasion de l'exposition/Album published to coincide with the exhibition « Henri Cartier-Bresson » présentée à Paris au Centre Pompidou, Galerie 2, du 12 février au 9 juin 2014, à Madrid, à l'Instituto de Cultura/Fundación Mapfre, du 28 juin au 8 septembre 2014.

Direction d'ouvrage et textes/Editors and Authors
Marion Diez, Julie Jones

Relecture/Copy Editors
Marion Diez, Amarante Szidon

Graphisme/Graphic Design
Aurore Jannin

Droits de reproduction/Rights
Xavier Delamare

Traduction du français/Translation from French
Caroline Taylor-Bouché

Fabrication/Production
Bernadette Borel-Lorie

Direction des Éditions/Publications Department

Directeur/Director
Nicolas Roche

Directeur adjoint, chef du service éditorial/Deputy Director, Head of Publishing
Jean-Christophe Claude

Responsable du pôle éditorial/Editorial Manager
Françoise Marquet

Service iconographique et gestion des droits/Image and Rights Management
Claudine Guillon

Chef du service commercial/Sales Manager
Marie-Sandrine Cadudal

Responsable du pôle ventes et stock/Dispatch and Stock Control
Josiane Peperty

Gestion administrative et financière/Administrative and Financial Management
Responsable des procédures juridiques et du contrôle budgétaire/Head of legal procedures and budgetary control
Thomas Reby

Responsable du pôle recettes et contrats/Receipts and Contracts
Matthias Battestini

Chef du service multimédia/Head of the Multimedia Unit
Emmanuelle Bermès

Fondation Henri Cartier-Bresson

Président/Chairman
Kristen van Riel

Directrice/Director
Agnès Sire

Communication – Expositions/Communication – Exhibition
Jessica Retailleau

Archives/Archives
Aude Raimbault
Marie-Thérèse Dumas
Odile Pütz
Anaëlle Rod

Restauratrice/Art conservation
Laurence Martin

Accueil – Librairie/Reception – Bookshop
Florence Watrin

Sécurité/Security
Samba Diallo

En couverture/Front cover:
Courses de chevaux, Thurles, Tipperary County, Munster, Irlande, 1952 (repr. p. 52).

Copyrights:
© Henri Cartier-Bresson/Magnum Photos – Courtesy Fondation Henri Cartier-Bresson
Pour George Hoyningen-Huene © Horst/Courtesy-Staley/Wise Gallery/NYC
© Martine Franck/Magnum Photos

Crédits photographiques/Photo crédits:
© 2013. Digital image, The Museum of Modern Art, New York/Scala, Florence, p. 3, 22, 26, 40, 55.
© BnF, p. 19, 27.
© Centre Pompidou, MNAM-CCI, Dist. RMN-GP/Photo: Jacques Faujour, p. 41.
© Centre Pompidou, Paris/Photo: Philippe Migeat, couverture et p. 4, 5, 6 (en haut et en bas), 7, 8, 9 (en haut et en bas), 10, 11, 12, 13, 14, 15, 16, 17, 18, 20 (en haut et en bas), 21, 23, 24 (en bas à gauche), 25, 28, 29, 31, 32 (toutes les images), 33, 34, 35, 36-37, 38, 39, 42, 43, 44-45, 47, 48 (en haut et en bas), 49, 50, 51, 52, 53, 54, 56 (à gauche et à droite), 57.
© Centre Pompidou, Paris/Photo: Hervé Véronèse, p. 30 (les trois photogrammes).
© The Art Institute of Chicago, p. 24 (en haut à droite).

© Éditions du Centre Pompidou, Paris, 2013

ISBN: 978-2-84426-638-5
N° d'éditeur/Publisher Number: 1551
Dépôt légal/Copyright Registration: décembre 2013/December 2013

Photogravure: printmodel, Paris
Achevé d'imprimer le 10 décembre 2013/First printed 10 December 2013 sur les presses de ARTES GRAFICAS PALERMO à Madrid (Espagne)
Imprimé en Espagne/Printed in Spain.

Retrouvez toutes les nouveautés (livres, produits dérivés, multimédia) sur boutique.centrepompidou.fr